AMÉRICA

365

HISTORIAS

CARLOS CALDERÓN CARDOSO

América. 365 historias / Carlos Calderón Cardoso. – 1ra ed. - LIBROFUTBOL.com, 2021.
  202 páginas; 15,2 x 22,9 cm.

  ISBN 978-987-8370-19-4

  1. Deportes. 2. Deportes en Equipo. 3. Anécdotas. I. Título.
  CDD 796.33409

AMÉRICA. 365 HISTORIAS
de Carlos Calderón Cardoso

Diseño de cubierta: Luciano Medvetkin
Maquetación: Luciano Medvetkin
Foto del autor: © Carlos Calderón Cardoso

LIBROFUTBOL.com
Olga Cossettini 1112 - oficina 8F - Ciudad de Buenos Aires - Argentina

ediciones@librofutbol.com

+54 9 11 2215 1982

@librofutbol

1.ª edición: junio 2021

ISBN 978-987-8370-19-4

CONTENIDO

ENERO

---

1 DE ENERO DE 1923 — LA PRIMERA VEZ

Siempre hay una primera vez para todo y el primer día del año de 1923 lo fue para que un club mexicano jugara en el extranjero. El político mexicano Juan de Dios Bojórquez, gran aficionado a las justas deportivas y en especial al fútbol, era fiel seguidor del equipo América. Le atraía, en primer lugar, que se trataba de jóvenes estudiantes que buscaban situarse en la cúspide del fútbol nacional, que le peleaban de tú a tú a los grandes clubes capitalinos y que, además, eran todos mexicanos.

Bojórquez, por aquellos años, era el embajador de México en Guatemala y tuvo la idea de invitar al América a finales del año 1922 para que jugara una serie de tres encuentros en la tierra del quetzal. América disputó su primer encuentro el 1 de enero de 1923, en contra de la selección formada por los jugadores más representativos de la capital guatemalteca. Los mexicanos vencieron 3-2. Celebraron con una porra recién compuesta y hasta el embajador se les unió. Los días siguientes disputarían un par de partidos más y justamente se llevaron la serie.

Los hombres que intervinieron en esta gira histórica por ser la primera del fútbol nacional fueron: Ignacio *Nacho* de la Garza, Rafael Garza Gutiérrez, *Récord*, Pedro *Perico* Legorreta, Enrique *la Matona* Esquivel, Horacio Ortiz, Carlos Garcés, Adeodato López, Manuel *Güero* Yáñez, Guillermo Márquez, *el Marqués* Acuña, Juan Terrazas, Alfredo *Fofo* García Besné, Francisco *el Camión* Enríquez, Juan Andrade Pradillo y Ernesto Sota y dos viejos conocidos del club: Guillermo *Nene* Romero y Garza Ramos, quienes jugaban en el Club México.

---

2 DE ENERO DE 1978 — EL PELÉ MEXICANO

El equipo Aztecs Angeles de la North American Soccer League de los Estados Unidos le ofrece al ídolo mexicano, Enrique Borja, quien se había retirado meses atrás, un contrato de 100 000 dólares por partido

para que juegue con ellos, emulando lo que había hecho años atrás el New York Cosmos con el rey del fútbol, Edson Arantes Do Nascimento: Pelé.

El delantero mexicano puso en la balanza la oferta y el hecho de que no quería burlarse de la gente, es decir, si regresaba era para darle a los aficionados alegrías y no para que sintieran lástima por él, porque ya no tenía nada que ofrecer. Enrique inclusive habló con Emilio Azcárraga, el dueño del club América y de la televisora más grande de América Latina, Televisa, y este le dio su bendición. Borja siguió pensando y luego de larga consulta con la almohada —y con Sagrario Baena, su esposa— decidió en esta fecha que era mejor dejar las cosas por la paz y seguir con su nueva faceta directiva dentro del consorcio Televisa. El Pelé mexicano dejaba sus botas colgadas y la camiseta guardada. El fútbol de la cancha se había acabado definitivamente.

---

3 DE ENERO DE 1923 — JUGANDO BASQUETBOL

El equipo América realizó una gira por Guatemala para disputar no solamente tres encuentros de fútbol, sino además dos partidos de tenis, para lo cual viajaban con ellos los tenistas mexicanos Félix del Canto y Mariano Lozano, pero de última hora y al ver los directivos del país chapín que tenían perdida la serie, se les avisó a los directivos mexicanos que también se disputaría ¡Un partido de basquetbol!

Así es, un partido de basquetbol contra un combinado que se dedicaba a ese deporte, mientras que el América contaba solamente con futbolistas.

Aunque los tomó de sorpresa, tras algunas risas e intercambio de miradas, los futbolistas se pusieron de acuerdo en quién jugaría. Varios de ellos practicaban diversos deportes en el Club Unión al que pertenecían, por lo que no hubo mayor problema. El jefe de la delegación, Adolfo Frías Beltrán; el médico del plantel, el Dr. Izquierdo; Carlos Garcés, mediocampista; el portero *Nacho* de la Garza y el tenista Félix del Canto fueron los elegidos. Ante un gran número de aficionados guatemaltecos que se hicieron presentes, los Azulcremas se llevaron el triunfo. Fue una brillante gira para el primer club mexicano que salía al extranjero.

---

4 DE ENERO DE 1959 — EL TÍTULO QUE VALIÓ UNA CASA

Desde que llegó, en 1951, a los 17 años al club, procedente del Colegio Fray Juan de Zumárraga, Eduardo González Palmer se mostró como un goleador. En los equipos juveniles del América anotó 73 tantos en 13 partidos. Ya en Primera División, logró 6 goles en los pocos encuentros que jugó y año tras año mostraba su poderío, a tal grado que en la temporada 1957-1958 anotó 16, por lo que, previo a la siguiente temporada, entusiasmado, se atrevió a comentar con su joven esposa que este año estaba seguro de conseguir el título de goleo.

Su cuñado Leandro Rovirosa Wade, funcionario del gobierno federal y que con el paso de los años llegaría a ser gobernador del estado de Tabasco, y fiel aficionado al equipo, le dijo:

"Yo creo en ti. Te voy a dar mil pesos por cada anotación, pero con la condición de que al final de la temporada salgas campeón de goleo, sino no te doy nada y tú me pagas un asado".

Lalo sonrió y se dieron un apretón de manos, sabía que su cuñado hablaba en serio y él se dedicó a lo suyo, dando lo mejor de sí y anotando cada vez que la oportunidad se presentaba.

Comenzaba el año de 1959 y se acercaba el final de la temporada. Aquel día 4, Palmer y el América visitan al Cuautla. De anotar esa tarde, el delantero aseguraba el campeonato de goleo. Uno solo era el que le faltaba y los nervios se hicieron presentes. Sabía que se jugaba muchas cosas; por un lado, deportivamente, el lograr un título para el América y para él en lo personal, y por otro, la promesa de su cuñado.

Eduardo finalmente logra la anotación deseada y con 25 goles se consagra campeón de goleo, el primero para el América en la época profesional. González Palmer levantó al final el trofeo que lo acreditaba como campeón en ese rubro y con el dinero otorgado por su cuñado, dado en efectivo en propia mano, con una parte le pagó un asado a todo el equipo y su familia en agradecimiento y con el dinero restante, que era la mayoría, se compró un terreno y comenzó a construir su casa, misma en la que vivió toda su vida.

5 DE ENERO DE 1993 — EL CAMPEONATO DE HUGO

Tras una larga estancia en España, el penta pichichi con el Atlético y el Real Madrid, Hugo Sánchez, considerado el mejor jugador mexicano en la historia, es contratado por el América. Su paso es bueno, teniendo en cuenta que ya tiene 34 años y que en su última temporada con el Real Madrid tan solo anotó tres tantos, debido sobre todo a una fuerte lesión que tuvo. En el América logra 18 goles en 35 partidos, varios de ellos de gran manufactura.

Y aunque Sánchez no logra ganar la liga con las Águilas, un gol suyo le da al equipo el cuarto título de la Concacaf, justo en este día, en un partido contra el Alajuelense de Costa Rica jugando en California.

El partido se complica por la expulsión de Zague, pero Hugo se echa el conjuto al hombro y, con un tremendo gol de tiro libre que deja para-

do al portero rival, consigue su único título con el América. Por motivos extrafútbol, Hugo abandona a las Águilas a final de temporada, pero el mejor jugador mexicano no se puede ir con las manos vacías del mejor equipo de México.

6 DE ENERO DE 1980 — EL VASCO AGUIRRE

Javier inició su carrera como futbolista en el América, ahí debutó en 1979, ahí conoció a Silvia, su esposa de toda la vida; ahí se hizo un jugador importante, en donde se adueñó rápidamente de la titularidad, resultado de su fútbol de entrega total, fuerza y convicción.

Cedido al equipo Aztecs de los Ángeles de la NASL en los Estados Unidos, ese fin de semana el mexicano tuvo una muy buena actuación con su equipo, mientras que el América perdía ante el Monterrey, por lo que el conocido periodista deportivo Jorge *el Che* Ventura comentaba este día de Reyes lo mucho que el joven jugador le hacía falta al conjunto Crema. En sus palabras: "El Vasco le vendría muy bien en estos momentos a la delantera del América".

A partir de ese momento, todos adoptaron el sobrenombre y Javier Aguirre —hasta el día de hoy— es conocido de tal forma.

"Mis padres llegaron a México en los años cincuenta, vascos del norte de España, entonces al *Che* Ventura se le ocurrió decirme Vasco durante un análisis de un partido y ahí se me quedó el apodo y así me conocen en todos lados, el Vasco".

Aguirre regresaría al América en ese 1980, fue campeón en la temporada 1983-1984 con las Águilas, anotando el gol más importante de su carrera, que decidió el título en la gran final en contra de las Chivas del Guadalajara. Javier *el Vasco* Aguirre, un bastión del equipo.

7 DE ENERO DE 1945 — UN HOYO EN UNO

En la casa del Moctezuma, el América buscaba mantenerse en los primeros lugares para pelear hasta la última fecha por el título. La tarea no sería nada sencilla, el equipo local era comandado dentro de la cancha por un exnamericanista, ídolo azulcrema, que se caracterizaba por su entrega, a tal grado que se le conocía como el León de las Canchas y que, a sus 33 años, había regresado a sus orígenes, a su ciudad de nacimiento, Orizaba.

El Moctezuma no era un club fácil. En su cancha solía tomar al rival y encerrarlo en su mitad del campo, para acabarlo en el segundo tiempo aprovechando el calor que impera en aquella zona de la República Mexicana. El Deportivo, como se le llamaba, tenía el honor de ser el primer equipo veracruzano en obtener un título (la Copa México de 1943), además de que también buscaba mantenerse en los primeros sitios.

El conjunto local dominó gran parte del encuentro y el héroe de la jornada fue el portero del América, Moisés Camacho, quien sacó dos balones que eran cantados como gol.

A los quince minutos de la primera parte, *el Tico* Meza logró la primera anotación del encuentro. Todavía celebraba la tribuna cuando el América puso el empate, obra de Hansen, quien aprovechó la oportunidad tras un pase adelantado que la defensa dejó pasar.

En la segunda mitad, ambos equipos buscaron la anotación que los catapultara, pero los porteros se multiplicaron. Casi terminaba el encuentro, y con el Moctezuma encima, el conjunto Azulcrema se tiró atrás para mantener el empate, que le resultaba importante.

Azpiri, llegando de atrás, como buen León de las Canchas, penetró la defensiva americanista y sacó un tiro impresionante que sacudió la red. En las tribunas los aficionados gritaron el gol, pero Moisés Camacho, quien se había dado cuenta desde el inicio de la segunda mitad que había un hoyo en las redes, corrió hacia el árbitro Serrano Linares y le aseguró que el balón había entrado por fuera, por un lado de la portería. El nazareno fue a verificar y al darse cuenta de que, efectivamente, la red estaba rota, creyó en la palabra del portero y descontó el gol.

Los del Moctezuma se le fueron encima, lo mismo que desde la tribuna, los aficionados le gritaron de todo, pero Serrano no cambió su marcación, el tanto había sido anulado.

Ante la furia de la afición, el árbitro decreta el fin del partido. Azpiri se acerca a Camacho, compañero de muchos años, y le dice: "Tú sabes que metí el balón, si te dobló las manos". Camacho, sonriendo, le contestó: "Yo creo que serías buen golfista, porque hiciste un hoyo en uno, el que le hiciste a la red".

---

8 DE ENERO DE 1950 — LA MAGIA HÚNGARA

Hasta el primer semestre del 2020, solamente 18 futbolistas europeos han jugado en el América a lo largo de su historia: ingleses, españoles, italianos y alemanes se encuentran en la lista, sin embargo, aquel día del lejano 1950 un futbolista de tierras extrañas hacía su debut. Se trata del húngaro Itzavan Kadas, primer jugador magiar en la historia del equipo.

Era un jugador alto para la época, arriba del 1,80 m, atlético y muy serio. Tal vez por la barrera del idioma, pero no gustaba de hablar mucho, solamente escuchaba las indicaciones —o pretendía que lo hacía— y asentía con la cabeza. Aquella noche de su debut, lo hizo de manera magnífica. Él solo se creó, por lo menos, tres oportunidades de gol,

anotando en una de ellas y poniendo un gran pase para gol.

El América ganaba 4-3 en un partido extraordinario, lleno de llegadas y tiros a gol. El húngaro había sido aceptado de inmediato por la afición. Itzaván tendría actividad en 8 encuentros y metería 4 goles, sin embargo, la aventura magiar terminó pronto. Él y su compatriota Iván Czintalán, del que ya hablaré en su momento, como buenos gitanos, decidieron emigrar al norte, hacia Canadá, dejando solo el recuerdo y —tal vez— la receta secreta del *Goulash* al que se hicieron adictos varios jugadores.

9 DE ENERO DE 2005 — EL DÍA QUE SE FUE BIYIK

Su calidad, desequilibrio, entrega y olfato goleador dejaron huella en el fútbol mexicano. Antes de su llegada, poco se conocía de él, tras su partida, todos sabían quién era François Omam Biyik.

Llegó al América en la temporada 1994-1995 y de inmediato se dio a conocer. Sus goles se hicieron cotidianos e impuso dos marcas, la primera, 11 partidos anotando consecutivamente, y la segunda, el mayor número de goles de un jugador del América en una sola temporada con 33 tantos, y aun así no pudo conseguir el campeonato de goleo, que se lo ganó un examericanista, Carlos Hermosillo, con 35. Biyik brilló con las Águilas y se marchó dejando una huella imborrable. A nivel mundial, jugó en tres Copas del Mundo.

Este día, el club le brindó un partido de homenaje por todo lo que el camerunés le dio a las Águilas. François se despidió como los grandes, anotó 3 goles, dos por la vía penal y uno de un tiro soberbio que hizo recordar sus buenos tiempos. El América de Biyik ganó 4-3 al equipo de los amigos. Poco más de 20 000 aficionados se dieron cita para despedir a la gran Abeja Africana, símbolo del América de los noventa.

10 DE ENERO DE 1977 — EL APRESURADO RETIRO DEL WAMA

Uno de los grandes guardametas del fútbol nacional lo fue, sin duda, Rafael *Wama* Puente. Ídolo atlantista, llegó al América en 1974, a los 25 años, en plenitud de sus facultades. Seleccionado nacional, con más de 50 partidos internacionales, indiscutible en su puesto; con América, Puente fue parte del plantel que obtuvo el campeonato de Liga de 1975-1976. Tuvo una oferta de parte del Valencia para jugar en España con un contrato por tres años, pero el presidente del América, Guillermo Cañedo, le prohibió la salida. Esa era la valía del Wama en el equipo.

Puente no solo era excelente guardameta, sino un galán en ciernes.

Realizó una gran cantidad de fotonovelas (historias de amor contadas en una revista a través de fotografías), además de comerciales para periódicos, radio y televisión.

En 1976, cuando se encontraba en la cúspide de su carrera, comenzó su clavario con las rodillas y fue operado en varias ocasiones, hasta que, con apenas 28 años, decidió alejarse de las canchas y retirarse definitivamente. Fue muy triste, en plena temporada decía adiós a las canchas. Todavía se fue a la Argentina a operarse una vez más la rodilla derecha, para ver si en algún momento podía regresar a las canchas. No fue así. La carrera había terminado ese fatídico 10 de enero. Con el paso de los años, se convirtió en entrenador de fútbol y posteriormente en comentarista, profesión en donde hoy en día destaca como uno de los mejores analistas de ESPN. Los viejos aficionados americanistas lo siguen añorando.

11 DE ENERO DE 1971 — EL MÍSTER DIJO QUE SÍ.

Dos meses atrás, Guillermo Cañedo, quien había sido presidente de la FMF, llamó a José Antonio Roca, jugador atlantista recién retirado y quien fungía como contador en la misma Federación, y le propuso que al comienzo del nuevo torneo se hiciera cargo de la dirección técnica del América. Roca, aunque gustó de la idea, no se sentía preparado y aceptó el cargo de auxiliar del entrenador Luis Grill para irse empapando del asunto.

Comenzó la temporada 1970-1971 y el equipo no marchaba. Un jueves, Emilio Azcárraga, dueño del equipo y al que Roca no conocía personalmente, lo citó en su palco mientras se jugaba el partido en contra del Irapuato, el Tigre le dijo a José que debía tomar ya al equipo porque no le gustaba para nada el sistema de Grill. Roca terminó por aceptar (a Emilio no se le podía decir que no) y el lunes 11 asumió el cargo. El primer juego del míster al mando de los Cremas fue unos días más tarde, en la fecha 8 del torneo de liga 70-71, cayendo contra el Necaxa 0-1. Las críticas le llovieron tanto al entrenador, por aceptar un cargo tan importante, como a la directiva americanista, por poner a un joven sin experiencia en esas lides. Las críticas fueron bajando de tono conforme el América ganaba y más después de la goleada que le infligieron al odiado Guadalajara, 5-2. Hacia el final del torneo, el América ganaba y gustaba, porque se moría en la cancha en cada partido. Terminó la temporada y el conjunto del míster Roca, aquel jovencito que tomó al equipo a media tabla, se llevó el campeonato. Un título más para las vitrinas azulcrema y el primero en su carrera para el querido José Antonio Roca.

12 DE ENERO DE 1992 — LA LLEGADA DE FALCAO

No cabe duda de que fue uno de los mejores mediocampistas brasileños de la historia, sin embargo, no todo buen futbolista es un buen estratega y así lo demostró Paulo Roberto Falcao, quien llegó al equipo este día.

Desde que fue presentado, dejó en claro que el trabajo pesado no era su fuerte. El equipo se quedó con su auxiliar, el famoso exjugador del América, Roberto *Monito* Rodríguez, para que trabajaran, mientras, él se fue a visitar Perisur, el centro comercial más importante de la época, y a recorrer los campos de golf de la ciudad para ver cuál le queda más cerca del club.

En su primer partido, unos días más tarde, el América es goleado 5-1 por uno de los peores equipos del torneo, el Correcaminos de Tamaulipas. Dicen que las cosas que mal comienzan mal acaban y justo este fue el caso. Durante el tiempo que estuvo al frente del equipo, se vivieron algunos de los peores momentos, además de que atentó contra la historia del mismo club, dejando casi toda la temporada en la banca a dos de los más grandes símbolos del América, Alfredo Tena y Cristóbal Ortega. Tena, capitán del equipo por muchos años, tuvo que irse a otro equipo a jugar y Ortega se decidió por el retiro. Falcao, el ídolo brasileño, luego de su desastre, dejando patas arriba a la institución, abandonó el nido por la puerta de atrás.

13 DE ENERO DE 1934 — PREMIO MAYOR

Uno de los más grandes porteros mexicanos de la historia, fundador del América, en donde jugó toda su vida, tetracampeón con el club Azulcrema, seleccionado nacional en los Juegos Olímpicos de 1928, un caballero de las canchas, Ignacio de la Garza, *el Portero Cumbre*, como lo bautizó la prensa de la época y que había colgado los guantes en 1930 luego de una lesión muy fuerte en la rodilla, acostumbraba jugar a la lotería una vez por semana, ya sea comprando el famoso 'cachito' o toda la serie, como hizo aquel día.

Nacho buscaba el mismo número y a punto estuvo de no comprarlo aquella tarde porque quien se lo vendía estaba enfermo y no fue a ofrecerlo. El exjugador se marchaba a casa cuando llegó un muchachito, hijo del billetero, llevándole la serie de cada semana. Primero pensó quedarse con un par de cachitos, pero algo le latió y los compró todos. Se fue a casa y por la noche, como cada semana, escuchó por la radio el resultado de la lotería.

El gritón fue dando cada número y, cuando terminó, *Nacho* de la Garza no podía creer que había ganado, y no cualquier premio, sino el mayor de todos. Al día siguiente, al despertar, pensó que todo era un sueño y salió a buscar el periódico. Con el diario en la mano comprobó que todo era cierto, se había llevado el premio mayor de la lotería nacional.

Nacho cobró y no se olvidó de su querido América, que por esos días no la pasaba nada bien, ni en la liga, ni económicamente hablando. Una parte de lo ganado va para el club, para que salga de sus deudas y pueda concentrarse en lo importante: el fútbol.

Aquel héroe de mil batallas, que en más de una ocasión salió en hombros, cargado por los aficionados; aquel que tuvo una despedida increíble en donde, con el estadio abarrotado, los americanistas invadieron el campo para aclamar a su ídolo que se les marchaba, devolvía al club lo que él sentía que le debía. El América fue y seguirá siendo grande, *Nacho* de la Garza también.

---

14 DE ENERO DE 2001 — EL DEBUT SOÑADO

Con el número 11 en la espalda, Iván *el Bam Bam* Zamorano hizo su presentación en la cancha del América: el Estadio Azteca. En las tribunas no cabía un alfiler, todos querían ver al chileno, goleador del Real Madrid y del Inter de Milán, quien, a sus 33 años, la edad de Cristo, llegaba al club más importante de México prometiendo entregar lo que le quedaba de fútbol en sus pies.

América recibe al Santos de la Laguna. La expectativa era mucha y no por lo que pudiera hacer justo en su presentación, sino porque el andino prometió que todavía había Zamorano para rato y el aficionado quería verlo en pleno.

El debut no pudo ser mejor, a los 2 minutos del inicio las Águilas ya ganaban 1-0 y a los 7, Zamorano anotaba su primer gol con el América, ante el júbilo de las tribunas, que hicieron retumbar el Coloso de Santa Úrsula.

El América se fue al abordaje y a los 28 minutos, de cabeza, Bam Bam ponía el 3-0 y segundo en su cuenta, y para el 32 se consumó la goleada con el triplete del chileno.

Ya en la segunda mitad, los de Coapa conseguirían un quinto tanto y los visitantes el de la honra para dejar un marcador de 5-1.

No pudo haber mejor debut para Zamorano, que llegó con el pie derecho al América y se marchó igual, ya que logró el campeonato de Liga un año más tarde.

"Si lo hubiera soñado tan lindo, no lo hubiera creído, fue un debut espectacular", dijo el ídolo al final del partido.

15 DE ENERO DE 1988 — VEINTICUATRO, NÚMERO MÁGICO

Este día fue el comienzo de una racha que terminaría 24 partidos después. El equipo, como en cualquier otro partido, lo que buscaba era ganar y, para eso, tienes que anotar. Aquella jornada le hizo dos al Puebla para vencerlo 2-1. Una semana más tarde, le clavó tres al Toluca, y nuevo triunfo. La racha continuó, cuatro al Monterrey, cuatro al Correcaminos, uno a la U de G, dos al Atlas, cinco al Irapuato y cuatro a los Pumas, vinieron Necaxa uno, Ángeles tres, Atlante cuatro, Morelia dos, Tigres seis, Neza tres, Chivas dos, Potosino tres, Cruz Azul cuatro, Tampico uno y nuevamente Puebla dos. Llegó entonces la liguilla y se hizo evidente que el América estaba tras un récord. Si le anotaba al Puebla en cuartos de final, lo conseguiría. En la ida le anotó dos y en la vuelta cuatro ¡Récord! Pero faltaba más. En semifinales le clava dos al Morelia en la ida y tres en la vuelta. ¡Sesenta y siete goles! ¡Veinticuatro partidos anotando en forma consecutiva! Venía la final contra Pumas y el equipo se relajó. Perdió el partido de vuelta y no pudo anotar. La racha terminó, pero afortunadamente, la venganza en el partido final fue masacrar 4-1 a Pumas y celebrar, además del número mágico, el campeonato del fútbol mexicano.

16 DE ENERO DE 1944 — ASÍ COMENZÓ TODO

El primer partido entre América y Guadalajara en un torneo de Liga se jugó en esta fecha y de inmediato llamó la atención. Era el enfrentamiento entre la provincia representada por el Guadalajara y la capital simbolizada por el América, entre lo 100 % mexicano que lo es el rebaño sagrado y el extranjerismo de los Cremas. Azulcremas y Chivas, en la cancha y fuera de ella se han declarado una guerra total.

Presenciar un encuentro entre estos equipos se convierte, de pronto, en cuestión de vida o muerte. Este primer partido se llevó a cabo en el Parque Oblatos, casa del Rebaño, y el resultado favoreció a los de casa 3-1. Así comenzaba todo. Ya habría lugar para llamarlo Clásico.

17 DE ENERO DE 1957 — SALVÁNDOSE DEL DESCENSO

Fue, sin lugar a duda, una terrible temporada para el América. Muy pocos puntos conseguidos, errores infantiles, jugadores lesionados. La última jornada era vital para evitar la tragedia al equipo. El conjunto Azulcrema necesitaba del triunfo para salvarse del descenso, el empate no servía de nada.

El rival es el Cuautla, que, al igual que el resto de los equipos, quieren ganar a los Cremas, no importa a que costo. El partido fue muy tenso, pero lleno de emociones. Los Arroceros amenazaron con un gol. Afortunadamente el balón salió a un costado. Poco a poco, a base de empuje y de ganas más que de fútbol, el América se fue adueñando de la cancha. Pedro Nájera, el llamado Siete Pulmones, se convirtió en el mejor hombre, a tal grado, que decidieron sacarlo de sus casillas.

El Pistache García algo le dijo a Nájera y comenzaron a discutir, pasando a los golpes. El árbitro optó por lo más sencillo y expulsó a ambos jugadores, quedándose cada equipo con diez hombres.

A los veintisiete minutos de la segunda mitad el América abrió el marcador en una jugada que comenzó Héctor Ferrari, quien la estrella en el travesaño, el esférico rebota, llega Palmer, tira y el portero desvía por donde llega *Pepín* González empujándola para el primer tanto.

Diez minutos más tarde, el propio Pepín recibe una bola cerca del área y sin pensarlo dos veces mandó un trallazo para que se incrustara en el ángulo.

El América se relajó y, a tres minutos de que concluyera el partido, el Cuautla anota. Tras este gol, se fue al abordaje, queriendo terminar con la fiesta en las tribunas, que ya celebraban la salvación del equipo. Los diez americanistas que quedaban en la cancha, más los miles en las tribunas defendieron la portería durante los últimos instantes. El árbitro Fernando Buergo, con gran actuación, dio por terminado el encuentro. El América estaba salvado. La alineación de aquella noche: Huerta, Iácono, Paredes, Gómez, Ferrari, Nájera, Figueroa, González, Palmer, Ochoa y Buendía. Once valientes con casaca azulcrema.

18 DE ENERO DE 1978 — GANANDO LA CONCACAF

Dieciséis equipos del área, veinte partidos disputados, cincuenta y ocho goles a lo largo del certamen. Llega el día de la gran final entre el Campeón de México, el Club América, en contra del sorpresivo equipo Robin Hood de Surinam.

La Copa de Campeones de Concacaf de 1977, en su edición XIII, tendría este día un nuevo campeón. La final se disputó en Paramaribo, Surinam, en el estadio André Kamperveen. El primer juego, el de ida, terminó 1-0 a favor de los Azulcremas, con gol de Luizinho y en este, con un empate, el América era campeón.

Por los locales Emanuelson abrió el marcador al minuto 36. Luego de esto, se fueron al abordaje por un tanto para conseguir el campeonato. El América sufrió para conseguir el empate, que llegó finalmente al minuto 70, obra del paraguayo Hugo Enrique Kiese. Así terminó el encuentro y el club del América celebraba su título de la Concacaf. El

primero de muchos.

---

19 DE ENERO DE 1979 — EL CHANFLE

Cuando a un balón se le pega de lado, marcando un efecto, de comba, se dice que se le pegó con 'chanfle'.

Este término, aunque sudamericano, cobró mucha fuerza en México a finales de la década de los setenta, cuando Gómez Bolaños lo puso de moda. Roberto, por cábala o gusto, buscaba nombrar todo con *Ch*, así nació Chespirito, Chómpiras, Chilindrina, Chavo, Chapulín, Chapatín, Chaparrón, etc.

El Chanfle, en particular, fue una película de humor blanco que se estrenó justo este día a nivel nacional, realizada por Chespirito y que tiene como principal protagonista al Club América y, sin utilizar a jugadores del primer equipo, hace parodia de emblemáticos como Enrique Borja, Carlos Reinoso o del entrenador *Nacho* Trelles, encarnado por el querido Ramón Valdés, *Don Ramón*.

Esta fue una de las películas más vistas en México en aquel año y fue tanto el éxito que tuvo una secuela. En América Latina, en donde el *Chavo del 8* causaba furor, conocieron a los Cremas gracias a esta cinta cinematográfica y, si bien no es ninguna joya, sirve para recordar al equipo más querido y odiado de México antes de su muda de Cremas a Águilas.

---

20 DE ENERO DE 1997 — DON GUILLERMO CAÑEDO

Día triste para el americanismo. Uno de los directivos más importantes en la historia del equipo, Guillermo Cañedo de la Bárcena, vicepresidente de la FIFA, en su momento presidente de la Federación Mexicana de Fútbol, y a quien se le debe en mucho la consecución de los Mundiales 1970 y 1986 para nuestro país, había fallecido.

Cañedo estuvo al frente del América de 1961 a 1981, con él, el club se modernizó. Llegaron los mejores extranjeros y se tuvieron a los mejores mexicanos, el Clásico de Clásicos nació en su gestión, además del antiamericanismo. Don Guillermo fue el propulsor de la construcción del Coloso de Santa Úrsula, el Estadio Azteca, mismo que durante un tiempo llevó su nombre en honor de tan increíble personaje.

---

21 DE ENERO DE 1934 — NACE EL PESCADO

No cabe duda de que uno de los jugadores más queridos en la década de los sesenta para el América y en general para el fútbol mexicano fue Alfonso Portugal, el famoso Pescado, quien nació en este día.

De Portugal se pueden contar muchas cosas. Fue un ícono en la defensiva americanista. Llegó al equipo en la temporada 1959-1960 proveniente del Poza Rica de la Segunda División. Su debut se dio el 24 de septiembre y de inmediato se ganó el gusto de los aficionados, quienes vieron en él a un verdadero líder.

Jugó principalmente como central pero también lo hizo como contención. Fue durante mucho tiempo nuestro capitán. Campeón de liga con el América en la temporada 1965-1966 y de Copa en 1963-1964 y 1964-65. Seleccionado nacional, mundialista. Fue capitán durante la inauguración del Estadio Azteca, por lo que los directivos del estadio lo llamaban padrino.

Como entrenador logró el subcampeonato durante el Mundial Juvenil de Túnez 1977 y se quedó con las ganas de dirigir al América. Alfonso Portugal era, además, padre de Ema Portugal, quien fue esposa de Hugo Sánchez y posteriormente de otro símbolo americanista, Antonio Carlos Santos.

---

22 DE ENERO DE 1950 — NOS GOLEARON LAS GALLINAS

El River Plate realizó una gira por México y enfrentó este día a un alicaído América que no contaba con todos sus titulares y que, si bien no tenía la esperanza de ganar, esperaba salir cuando menos con el empate. Las cosas se tornaron francamente ridículas para los Cremas, que recibieron la peor goleada de un equipo extranjero en la historia. Aquella noche, las Gallinas le clavaron ocho tantos al equipo mexicano, que solamente pudo anotar en dos ocasiones para un marcador de escándalo, 8-2. Nada que celebrar.

---

23 DE ENERO DE 1973 — EL MAGO

El conocido escritor mexicano, fiel seguidor de los Pumas de la UNAM, Germán Dehesa, quien, no obstante, reconocía en Isaac Terrazas a un jugador de su gusto, decía de este: "Es sorprendente su incorruptible amor al América, su fiereza, su pinta de pocos amigos y su natural rudeza del juego, ese es un jugador de fútbol".

Este día nació Isaac Terrazas, un jugador todo pundonor, conocido como el Mago, porque el primer día que llegó a Coapa a pedir una oportunidad, no lo dejaron pasar y se escabulló hasta llegar con los entrenadores y nadie sabe cómo lo hizo.

Terrazas fue uno de los grandes defensas del América. El día de su

debut, en el torneo de Copa 1990-1991, ante Morelia, tuvo que jugar como delantero por la lesión de otro elemento y con tan buena fortuna que anotó el único tanto del partido.

Le costó trabajo tener la titularidad, casi seis años después de su debut, pero a partir de ahí, ya no la soltó. Se caracterizaba por su juego fuerte, a veces rudo, lo que le costó tener el récord de expulsiones del equipo con doce, aunque muchas de ellas se dieron por celebraciones exageradas o por discutir con los árbitros. Recordamos la vez que le arrancó de las manos un balón al silbante en un América-Pumas, o cuando tacleó a un jugador del Atlas que le reclamaba a Cuauhtémoc Blanco, también cuando insultó a un árbitro mentándole la madre, o cuando festejó en forma grosera con las manos en un Tigres-América, hizo señas obscenas a la afición en un encuentro ante los Tecos, armó una campal, escupió a un contrario que lo estaba insultando y un gran número de etcéteras.

Terrazas era un elemento muy bravo, impasable, de un carácter muy fuerte y al que le gustaba irse al frente, por lo que logró varios goles en su carrera. Seleccionado nacional, mundialista en Francia 1998, jugó Copas Confederaciones y Copa América, enorme americanista y un declarado anti-Chivas, equipo al que no podía ver ni en pintura, a cuyos jugadores jamás les cambió una playera o les dio un saludo dentro de la cancha.

En la liga anotó 29 goles en 252 encuentros en los que participó, le recetaron 95 amarillas y las 12 tarjetas rojas ya mencionadas. Un defensa inolvidable para el América y para el fútbol mexicano.

---

24 DE ENERO DE 2011 — EL ADIÓS DE PANCHITO

El América se estremeció con la noticia de la muerte de *Panchito* Hernández, uno de los hombres más queridos por todos los que en los últimos cuarenta años pasaron por el club: aficionados, entrenadores jugadores...

Y es que Panchito no fue cualquier personaje, es quien modernizó desde adentro a la institución, descubridor de grandes talentos tanto nacionales como extranjeros.

Panchito Hernández, quien destacó como jugador con el Asturias, Necaxa y Zacatepec, además de ser uno de los infaltables con la selección nacional, dio un paso importante cuando en 1968 decidió retirarse para dedicarse a la dirección técnica.

Él tenía muy claro que lo suyo era seguir en el fútbol. A lo largo de su carrera tuvo grandes maestros, como Ignacio Trelles, Fernando Marcos y Jorge Orth. Es por eso por lo que cuando le llegó el ofrecimiento para dirigir al Toluca, no lo pensó dos veces. Pero el destino nos tiene a veces dispuestos otros caminos que ni cerca estamos de imaginar y así le sucedió a Panchito.

A punto de partir a Toluca, llegó a su casa el entrenador Ángel Papadópolus para informarle que tenía que ir en ese momento con Guillermo Cañedo, presidente del América, quien lo estaba esperando para hablar con él. Hernández, temiendo algo grave, no dudó en acudir a ver al amigo de tantos años y postergar su cita con Toluca por algunas horas.

Al llegar, y luego de los saludos de rigor, Guillermo Cañedo le dijo: "Quiero que colabores conmigo en el América como Secretario Técnico". Hernández no entendió en primera instancia qué era lo que le ofrecían, pues este cargo no existía en el fútbol mexicano; pensó que le estaban dando la dirección técnica, pero Guillermo le aclaró lo que quería de él.

Panchito dudó un momento, ya que él deseaba ser entrenador y un cargo atrás de un escritorio no lo emocionaba de sobre manera, pero cuando Cañedo le dijo que le estaba confiando totalmente la reestructuración del equipo, terminó aceptando y le dio las gracias al Toluca por tomarlo en cuenta. El fútbol acababa de perder tal vez a un gran técnico, no lo sabemos, pero lo que sí es cierto es que ganó a un excelente directivo.

Lo primero que pidió Panchito fue que le dejaran el manejo total del equipo. Dividió la reestructuración en dos partes: una a corto plazo en la que la tónica sería abrir la chequera y comprar a jugadores ya hechos para lograr en poco tiempo a un América ofensivo, luchador, que buscara un título en menos de tres años. La segunda fase, a mediano y largo plazo, consistía en apoyar las fuerzas básicas y conseguir en un futuro un gran cuadro con elementos propios. Ambas metas se consiguieron.

El equipo realizó grandes contrataciones, entre ellas Enrique Borja y Carlos Reinoso, dos de los más grandes ídolos. El equipo logró el campeonato de la temporada 1970-1971. A mediano plazo, comenzaron a debutar elementos de extracción netamente americanista, junto con jugadores ya hechos y conquistarían nuevamente un campeonato en 1975-76.

Al comenzar la década de los 80, se vivieron los mejores años del club y lo más satisfactorio para Panchito, ya vicepresidente, es que, aun cuando llegaron grandes elementos extranjeros, la base fue de jóvenes mexicanos formados en la propia institución o adquiridos en su etapa amateur.

Panchito Hernández permaneció 27 años en el América, en su gestión se ganaron 17 títulos: 7 ligas, 3 Copas, 1 Campeón de Campeones, 4 Copas de Campeones y Subcampeones de Concacaf y 2 Copas Interamericanas.

La era de *Panchito* Hernández concluyó en 1995 y él murió este día.

No es falso decir que en Coapa siguen extrañando a este americanista de cepa y gran personaje del fútbol mexicano.

---

25 DE ENERO DE 2010 — UN TRÁGICO EPISODIO

Goleador del equipo, figura indiscutible tras la salida de Cuauhtémoc Blanco, campeón de goleo en la Copa Libertadores con América por dos años seguidos, 160 partidos y 98 goles. Estaba en su apogeo cuando sucedió un hecho lamentable.

Era la madrugada de aquel aciago día. Por la mañana Salvador había jugado con el América, por la noche fue a cenar y de ahí, junto con su esposa y su cuñado, Amancio Rojo, marcharon al Bar-Bar, un exclusivo club nocturno en la ciudad de México, que en su momento visitaron Bon Jovi, Madonna y el astro argentino Diego Armando Maradona. Pasaron las horas, Salvador fue al baño y cuando llegó un sujeto lo comenzó a insultar por ser americanista. Se trataba de un narco, José Jorge Balderas, a quien se le conocía como el J.J., quien finalmente, cuando Chava le contestó los insultos, sacó un arma y se la puso en la cabeza, amenazándolo con matarlo si no se disculpaba. El Mariscal lo que menos se esperaba era que el sujeto accionara la pistola y lo retó. Este, sin miramientos, disparó a la cabeza de Cabañas, al cual dejó tirado en un mar de sangre mientas huía cobardemente con sus guardaespaldas.

Pasaron días de incertidumbre. Salvador Cabañas se debatía entre la vida y la muerte. Los diagnósticos decían que, si salvaba la vida, jamás podría volver a caminar y era difícil saber cómo iba a quedar mentalmente.

Los milagros existen. Salvador Cabañas no solo sobrevivió, sino que volvió a caminar, a hablar y pensar con coherencia. Solamente el fútbol quedó de lado, los médicos le recomendaron no volver a jugar en forma profesional porque la bala estaba alojada en la cabeza, no pudieron retirarla. Un trágico episodio que quedó solo en anécdota. Su carrera en el fútbol terminó, aunque intentó en equipos de divisiones menores, pero la carrera de la vida afortunadamente sigue adelante.

---

26 DE ENERO DE 1982 — EL ALUMBRADO FUE EL PRETEXTO

Cualquier pretexto es bueno para enfrentar al Boca Juniors de Maradona y en esta ocasión lo fue la inauguración del nuevo alumbrado del Estadio Azteca. Con el coloso lleno, los 110 000 aficionados que fueron a ver al América también querían observar el juego de Maradona y que los deleitara con su fútbol.

No habían pasado más que 27 minutos cuando el astro anotó su primer tanto, llevándose por piernas a los defensas americanistas para clavarla a un lado del portero Héctor Miguel Zelada, que nada pudo hacer por evitar el gol.

Al minuto 42, Biónico, jugador brasileño, logró el empate, con lo que el conjunto de las Águilas se confió y buscaron el segundo. Cuando más dominaban, vino la genialidad del Diego, quien se quitó a Carlitos de los Cobos y filtró por donde entraba Gareca, anotando este el segundo y definitivo.

¿Y el alumbrado? Funcional.

27 DE ENERO DE 1944 — EL DÍA QUE VIAL FUE PORTERO

El América recibe al A.D.O de Orizaba en la cancha del Asturias en partido nocturno. Los azulcremas, aunque jugaron bien, tuvieron una mala noche y fueron vencidos 1-3 por los visitantes. Sin embargo, los viejos aficionados recuerdan aquel partido no por la derrota, por supuesto, sino por el hecho de que faltando casi veinte minutos para que terminara el encuentro, el portero Mota se lesionó y tuvo que abandonar el encuentro. En el banquillo, Luis Regueiro volteaba a ver a sus jugadores para ver quién se ponía los guantes. Sorpresivamente, el que se dirigió a la meta fue el más bajito de todos, al que inclusive su apodo lo delataba, la Pulga. Vial se colocó en la portería y se puso el suéter de Mota, que le quedaba muy largo. Tuvo que doblar las mangas y se aprestó a defender la meta americanista.

En el otro lado de la cancha, los del A.D.O festejaban, se imaginaban que, si a Mota le habían hecho tres, a Vial le meterían una docena, pero para sorpresa de todos, Vial paró de maravilla y balón que le llegaba, balón que era rechazado en forma magistral. Al final, el chaparrito se llevó los aplausos, el delantero demostró que no solamente sabía anotarlos, sino detenerlos. Aunque el América perdió, fue una noche mágica para los que tuvieron la dicha de estar presentes.

28 DE ENERO DE 1984 — EL DEBUT DE HERMOSILLO

Todos los jóvenes futbolistas sueñan con debutar en la Primera División y anotar un gol. Ese, sin lugar a duda, es el debut soñado. ¿Y qué pasa si se hace realidad y, además, se duplica?

Así le sucedió a Carlos Hermosillo, *el Grandote de Cerro Azul*, quien esta noche, en el Jalisco, hizo su aparición con el primer equipo y lo hizo de manera contundente, ante un estadio lleno. El América arrancó en la delantera con Zizinho (papá de Giovani y Jonathan Dos Santos),

Echaniz y Javier Aguirre, pero el argentino se lesionó apenas al minuto 14 y se forzó el debut de Hermosillo, quien se despachó con los dos primeros goles de la noche.

Antes de conseguir su primer tanto, el debutante dio muestras de su olfato y estrelló un balón en el poste y otro pasó a un lado. Al minuto 39 Zizinho sirvió un centro al área que llegó al Grandote para anotar el de la quiniela.

El partido fue totalmente para el América, que tuvo varias llegadas, lo que aprovechó el debutante y al minuto 77 concretó rematando nuevamente un servicio de Zizinho para colocar el segundo en su cuenta personal. Todavía las Águilas lograrían una dupla para el 4-0 definitivo, en el que el mejor jugador del partido fue el joven debutante.

Hermosillo es el máximo anotador mexicano en la Primera División y el 5º máximo goleador en la historia de la selección. Con el América ganó cinco títulos de Liga. Mundialista en 1986 y 1994. Anotó 93 tantos con las Águilas, equipo con el que jugó en tres etapas diferentes.

---

29 DE ENERO DE 1950 — ÚNICO EN SU TIPO

En toda su historia, el América solamente ha tenido un portero europeo. Este fue el húngaro Janos Iván Czintalán, quien debuta esta noche en el partido Guadalajara-América. Nada fácil hacerlo en un clásico, pero tuvo buena actuación. El encuentro terminó 2-2 y aunque no se vio nada mal, Octavio Vial, estratega del equipo, confió más en los dos porteros mexicanos que en el europeo, terminando así con un solo encuentro, la historia de este arquero húngaro en tierra mexicana, de la cual partió al final de la temporada, sin pena ni gloria.

---

30 DE ENERO DE 2020 — DONANDO VIDA

El delantero Águila Nicolás Castillo fue operado de emergencia luego de que presentara una trombosis tras una operación anterior y el Club América pidió a la afición que donara sangre para cubrir las plaquetas y la sangre utilizadas por el jugador. La solicitud se hizo viral a través de las redes sociales y decenas de americanistas se mostraron dispuestos, lo mismo que personas del gremio futbolístico, resaltando la presencia de un exjugador del América que fue muy criticado durante su paso con las Águilas y al cual se le liga siempre con el gran enemigo deportivo, el Cruz Azul, pero que no dudó en acudir a la ayuda de un compañero de profesión. Christian *el Chaco* Giménez, llegó en el más absoluto anonimato al hospital y fue un aficionado quien, al descubrirlo, dio a conocer el hecho. Bien por Chaco para quien los colores y los odios deportivos quedaron a un lado ante la necesidad de un compañero.

---

31 DE ENERO DE 2020 — #FUERAROGER

La fuerza de las redes sociales es increíble, pueden encumbrar o hundir a alguien en un simple *hashtag*. Esto mismo ocurrió tras la declaración de Roger Martínez, jugador del América, quien hizo público su interés por salir del club unos días atrás y, luego de no conseguir equipo, pretendió retornar como si nada a los entrenamientos.

Los aficionados de las Águilas, dolidos por la actitud del colombiano, hicieron una campaña #FueraRoger que se hizo *trending topic*, pidiendo que ya no se le tomara en cuenta en el club. Mensajes como:

#FueraRoger no más extranjeros como él en todo el fútbol Mexicano, solo viene a robar y quitar un lugar a un jugador Mexicano.

Así como caminaste en la final camina a chingar a tu madre #FueraRoger

#FueraRoger congélenlo este semestre, que no sea convocado, ni lo dejen ir a su selección si no es fecha FIFA, para que entienda este egoísta e irresponsable lo que es él

@ClubAmerica

Y aunque parezca mentira, el club escuchó a los aficionados. El presidente del equipo anunció que Roger Martínez no jugaría más en el equipo en lo que restaba de la temporada, a menos que le ofreciera una disculpa sentida al club, a sus compañeros, cuerpo técnico y afición. Y se la cumplieron.

FEBRERO

1 FEBRERO DE 1970 — LA CONTRATACIÓN DE REINOSO

Pedro Portilla y *Panchito* Hernández, directivos del América, viajaron a Chile para tratar de firmar a Carlos Reinoso, quien había sido recomendado por el estratega argentino Alejandro Scopelli, excelente entrenador y gran amigo de la institución Crema. No fue nada fácil firmar al andino, ya que varios clubes buscaban sus servicios, además de que al saber que el América lo quería, de 15 000 dólares, el precio subió casi al doble. Ese día, el vicepresidente del América, Pedro Portilla, fue invitado a la reunión directiva del equipo Ajax, en donde jugaba Carlos, y como mera cortesía lo nombraron presidente honorario por aquella reunión.

Como Portilla sabía que algunos de los 18 directivos estaban indecisos, cuando le dieron la palabra y aprovechando la presidencia honoraria, dijo:

"Señores, como presidente del Audax italiano, considero que es conveniente ayudar a la proyección internacional de este muchacho. Por lo tanto, doy mi voto de calidad para que se realice la venta del jugador Carlos Reinoso a un gran club mexicano como es el América".

De la sorpresa, pasó a la risa de todos los presentes, quienes aplaudieron la ocurrencia y votaron unánimemente por la venta de Reinoso al América. Así se concretó la venta de uno de los mejores jugadores en la historia del Club.

2 DE FEBRERO DE 1968 — LA LLEGADA DE PANCHITO HERNÁNDEZ

Panchito Hernández —de quien ya hablé con anterioridad— llega este día al Club América como Secretario Técnico del club. Un puesto que no existía en México. Con el paso de los años, Panchito ocupó el cargo de vicepresidente. Sin lugar a duda, su mayor legado, y por lo que más es recordado este extraordinario directivo, fue el fichaje de excelentes jugadores que posteriormente pasarían a ser parte de la historia

de esta institución, elementos como Héctor Miguel Zelada, Antonio Carlos Santos, Edú, Carlos Reinoso, Daniel Brailovsky, Eduardo Bacas, Norberto Outes, Luis Roberto Alves, *Zague,* y otros, son algunos de los jugadores en los que *Panchito* Hernández se fijo para traerlos a nuestro equipo, además de la creación de una de las canteras más importantes del fútbol mexicano, de donde surgieron elementos multicampeones como Alfredo Tena, Cristóbal Ortega, Javier Aguirre, Armando Manzo, Mario Alberto Trejo, Carlos de los Cobos, Vinicio Bravo, Cuauhtémoc Blanco y muchos más.

Como dirigente azulcrema, Hernández obtuvo siete campeonatos de liga, una Copa México, tres Campeón de Campeones y siete torneos internacionales. Al ser directivo durante 27 años, Francisco Hernández nunca puso un límite a su trabajo y siempre, ante todo, difundía el amor hacia la casaca americanista.

---

3 DE FEBRERO DE 1924 — JUVENTUD, DIVINO TESORO

Un joven, procedente de Orizaba, llegó al América para hacer su propia historia. Juanito Terrazas, un extremo por derecha de gran velocidad, precisión en el remate y un líder pese a su corta edad.

Si bien se le recordará por muchas cosas, entre ellas la gran cantidad de goles que anotó con el equipo y su paso por la selección mexicana, cuenta además con la atenuante de ser el jugador más joven en anotar con el equipo Crema, lo cual hizo justo este día con 14 años, 1 mes y 29 días cumplidos. El rival fue el desaparecido Sin Son (Sinaloa-Sonora) que poco tiempo después pasaría a ser el Marte. El portero que recibió el gol fue el internacional mexicano Oscar Bonfiglio.

---

4 DE FEBRERO DE 1971 — UN CLÁSICO ACCIDENTADO

José Antonio Roca, estratega del América, había declarado días atrás sobre el Guadalajara, al cuestionarle si tenía equipo para derrotar a los Cremas en el Azteca, que "Los enanos nunca crecen".

El presidente de las Chivas, el ingeniero Ladrón de Guevara, aseguró entonces que el Guadalajara tenía todo no solo para ganarle al América, sino inclusive golearlo.

Llegó el 4 de febrero, día del encuentro. Las Chivas se fueron arriba con tanto de Espinoza. América empató y desde ese momento, todo fue para los locales.

El América ganó 5-2 y Roca ratificó: "Los enanos nunca crecen".

5 DE FEBRERO DE 1978 — UNA PATADA QUE AMERITA LA CÁRCEL

Se enfrentan en el estadio Azteca el América y el Atlético Español. Generalmente estos encuentros son duros y este no podía ser la excepción. Habían pasado 24 minutos del segundo tiempo, el equipo local ganaba con dos tantos de Ítalo Estupiñán.

El balón se encontraba en los linderos del área americanista, Benito Pardo de los Bureles pierde el esférico y, en su afán por recuperarlo, fauleó a Sánchez Galindo de fea forma. Este se paró y le dio un puñetazo al español. Ambos jugadores se surtieron. Cuando parecía que todo terminaba, de la nada llegaron otros elementos y comenzaron entonces empujones y manotazos. Luizinho, del América, soltó un golpe a Pardo, quien comenzó a perseguirlo, lo mismo que Isiordia, quien le tiró un tremendo golpe en el ojo. En ese momento llegó el preparador físico del conjunto español, Rubén Matturano, quien remató al americanista cuando caía al suelo.

El mediocampista y capitán, Toño de la Torre, encara a Pardo y se tiran de golpes; Sánchez Galindo llega a ayudar a su compañero y lo mismo Carlos Eloir Perucci, delantero y goleador, quien demostró ser bueno también para los trancazos. De atrás llega el mediocampista azulcrema, Hugo Enrique Kiese, y se surte a quien tiene enfrente.

El partido se suspendió cerca de 8 minutos y el árbitro expulsa a 7 jugadores de cancha y a las dos bancas. Todavía el Atlético Español sufriría una nueva baja, cuando al minuto cuarenta Jesús *el Pimienta Rico* fue expulsado por darle un cabezazo a Victorino.

Pero no todo terminó ahí. Antonio De la Torre, Javier Sánchez Galindo y Luizinho por América; Benito Pardo, Jesús Rico, Matturano y Raúl Isiordia por Atlético Español tuvieron que ir a la delegación de Coyoacán a rendir declaraciones ante la juez Leticia Martínez y pagar una fuerte multa. La juez, al parecer, era americanista, porque ya cuando se retiraban le dijo a Pardo que, más que una multa, su patada merecía la cárcel por no saber perder ante los millonarios del América.

6 DE FEBRERO DE 2011 — EL TRIUNFO DEL AMOR

Aprovechando la idolatría de Cuauhtémoc Blanco, ídolo del América y del fútbol mexicano en general, este fue invitado a participar en una telenovela mexicana llamada *El triunfo del amor*. En este drama, él encarna a un bombero y, tras algunos capítulos, Blanco muere en un incendio, sin embargo, las redes sociales se llenaron de quejas de usuarios que condenaban que el personaje muriera, a tal grado, que amenazaron con ya no seguir la trama. Los productores tuvieron que revivirlo y reapareció en esta fecha. Cuauhtémoc Blanco no sería ya el

personaje invitado, sino uno de los protagonistas, y su personaje terminaría casándose con una de las actrices más codiciadas del momento, Susana Diazayas.

El productor Salvador Mejía comentó que jamás había pasado que las redes sociales influyeran de tal manera para revivir un personaje. La telenovela, hay que decirlo, fue un éxito y mucho se le debe en parte al ídolo de Tepito.

7 DE FEBRERO DE 1996 — OTRA DE TELENOVELAS

Luis García Postigo, hoy flamante comentarista de TV Azteca, inició su carrera de futbolista con los Pumas de la UNAM, en donde fue campeón de goleo, tuvo un paso por el fútbol español con el Atlético de Madrid y la Real Sociedad y regresó a México en 1994 para jugar con el América, en donde permaneció hasta 1997. Pocos saben, sin embargo, que tuvo una pequeña pero significativa participación actuando como él mismo en la telenovela mexicana *Lazos de amor*, de Televisa, en donde comparte créditos con Lucero, una reconocida actriz mexicana. Su actuación puede verse en YouTube y, sinceramente, lo suyo lo suyo es el fútbol.

8 DE FEBRERO DE 2008 — RACHA TRÁGICA

Se juega la jornada 4 del Clausura 2008, América viaja a Jalisco para enfrentar a los Tecos de la UAG, las Águilas se imponen 2-1 como visitantes, con un doblete de Salvador Cabañas, alargando la racha del América sin perder contra Tecos en nueve partidos, sin embargo, gran parte de los aficionados americanistas que viajaron de la ciudad de México a Guadalajara no pudieron festejar como se debía, ya que previo al encuentro ocurrió un trágico accidente cuando uno de los aficionados, integrante de la porra La Monumental, perdió la vida. El accidente ocurrió cuando en los cruces de Avenida Patria e Inglaterra, muy cerca del estadio, Julio César, nombre del joven aficionado, llevaba medio cuerpo afuera de la ventanilla y, para su mala fortuna, pegó con la pared de un paso a desnivel muriendo instantáneamente. Juan Carlos Mosqueda, jugador del América, al saber la noticia, le dedicó el triunfo y una oración. A veces festejar un triunfo resulta en tragedia.

9 DE FEBRERO DE 2009 — LA TECNOLOGÍA EN EL FÚTBOL

El Club América fue el primer equipo en México en utilizar la cámara hiperbárica para el tratamiento de lesiones y el mejoramiento físico de sus futbolistas. La utilización de esta los ayuda a compensar el desgaste físico por carga excesiva de trabajo y también para tratar lesiones y fracturas, además, ayuda a mejorar la oxigenación y su condición pulmonar. Con el paso del tiempo se ha visto que ayuda a acelerar la curación de lesiones musculares, ligamentarias, tendinosas, desgarros y en la recuperación postoperatoria. Hoy en día, casi todos los equipos de México la ocupan, pero que no olviden que las Águilas van siempre por delante.

10 DE FEBRERO DE 2015 — ÓDIAME MAS

La prestigiada agencia de consulta Mitofski presentó sus resultados anuales sobre los equipos del fútbol mexicano, en el que curiosamente en los dos rubros principales, el equipo más popular y el equipo más odiado, el América arrasa. En el más popular, con el 31,1 %, mientras que sus seguidores más cercanos son el equipo de las Chivas del Guadalajara con el 17,9 % y Cruz Azul 12,1 %. El América, por sí solo, supera a ambas aficiones que le siguen.

Y en cuanto al equipo más odiado, las Águilas también es el conjunto ganador, con 41,5 % por 18,7 % del Guadalajara, es decir, que lo que se dice de que la mitad nos ama mientras la otra mitad nos odia, no está tan alejada de la realidad y el eslogan *"Ódiame más"*, nos cae como anillo al dedo.

11 DE FEBRERO DE 1951 — LA DOBLE FUNCIÓN

A media temporada 1950-1951, y con malos resultados, el América sufre por el abandono de su estratega Jorge Orth, quien, sin más, anuncia a la directiva que se va porque tiene una mejor oferta de Boca Juniors. El equipo mexicano, sin timón, decide agarrarse de uno de sus jugadores estrella: José Luis Borbolla, centro delantero, internacional mexicano, quien se hace cargo de una doble función: buscar anotar para su equipo, pero también dirigirlo por el camino correcto.

Con un debut de ensueño este 11 de febrero, Borbolla gana al Tampico 1-0 y días más tarde al Oro 4-0. El América abandona el sótano de la tabla y al final de la temporada terminaría en décimo puesto. José Luis Borbolla llegó para quedarse.

12 DE FEBRERO DE 1959 — AMÉRICA A LA PORRA

Se llevaba a cabo un pentagonal internacional, como los que se acostumbraban en México por aquellos años, en el que participan Santos de Brasil, con Pelé incluido, UDA Dukla, León, Guadalajara y por supuesto el América. Aquella noche los Azulcremas jugaban justo en contra del conjunto del Santos y se anunció por el altavoz que quedaba prohibido el uso de cohetes en las tribunas.

En México se acostumbraba su uso, pero debido a que unos días atrás los jugadores del Dukla se quejaron por el sonido de estos, se decidió por esta medida. La Porra Popular del América, tenía un costal lleno de "palomas", y como ya habían pagado por ellas, decidieron meterlas a escondidas al estadio. Cuando tronaron la primera, la policía llegó y no solamente se llevaron el costal, sino al Jefe de la Porra, Julio Matta, el famoso Camarón, por ser el responsable del grupo.

Una vez en la comisaría, el Camarón, queriendo demostrar que casi ni sonaban, prendió una de las palomas. Al estar en un espacio cerrado, la palomita tronó de tal manera que varios de los policías salieron del edificio asustados, pensando que se trataba de una bomba. Por el chistecito, el jefe de las porras del América tuvo que pasar dos días encerrado. Sus compañeros juntaron la fianza, fueron a sacarlo y le dijeron:

"Qué bueno que no te quedaste al partido, porque nos dieron una santa revolcada, pero eso sí, qué bien juega Pelé".

13 DE FEBRERO DE 1947 — UN NUEVO ESTADIO

Durante años, el fútbol capitalino jugó en tres estadios de madera: Parque Necaxa, Parque Asturias y Parque España. El empresario Neguib Simón se dio a la tarea de levantar en seis meses un estadio de cemento espectacular: El Olímpico de Ciudad de los Deportes.

El Club América disputó su primer partido en el inmueble justo este día, era la jornada 15 de la temporada 1946-1947 y aunque el equipo perdió en aquella ocasión 1-3 con el Atlas, lo más significativo fue tener una nueva sede, misma que sería casa del fútbol capitalino por muchos años.

14 DE FEBRERO DE 1933 — NACE HUERTA

Este día nace Enrique López Huerta, a quien toda la vida se le conoció como Enrique Huerta, porque no utilizaba el apellido del padre.

Huerta fue portero del América de 1952 a 1962. Diez años en la institución; se dicen fácil, pero le tocó vivir momentos álgidos en donde el equipo estuvo a nada de irse a la Segunda División, así como la compra del equipo por parte de Emilio Azcárraga, lo que lo llevó a tener un plantel más competitivo y mucho mejores sueldos.

Hay que ser claros, Huerta no está considerado por muchos aficionados como uno de los mejores cancerberos en la historia, pero fue un portero cumplidor y fiel a los colores y tuvo la circunstancia de que el día en el que el América celebraba sus 100 años, el 12 de octubre del 2016, Huerta fallecía con la bandera del América a su lado.

---

15 DE FEBRERO DE 2004 — EL DEBUT DE MEMO

Ese día me encontraba en el palco de prensa en el Estadio Azteca. A quienes estábamos ahí, nos llegaba la alineación minutos antes de que la dieran a conocer por los megáfonos del estadio. Comencé a leer la alineación y en la portería estaba anunciado un tal Guillermo Ochoa. Me acerqué a la Jefa de Prensa, la querida Maricarmen Flores, y le pregunté sobre el porqué de la ausencia de Adolfo Ríos, quien difícilmente faltaba y no se había comentado que estuviese lesionado.

Maricarmen me dijo que, de último minuto, Leo Beenhakker había decidido no utilizarlo por un problema fuerte de hemorroides. Lo curioso del caso es que Ochoa no era ni siquiera el portero suplente, era el tercer o cuarto arquero, por lo que resultaba un dilema su debut.

Aquel día fue memorable. Nunca se le vio nervioso, y si bien es cierto que le anotaron dos tantos —en los cuales no tuvo culpa alguna—, salvó por lo menos otros dos. Esa tarde, el América ganó 3-2 y no tuve duda de que *Memo* Ochoa era el futuro de las Águilas, aun cuando a Ríos, muy querido, por cierto, le sobraba pila para rato.

Guillermo Ochoa surgió de las fuerzas básicas del América, con un carisma y seguridad que se notaron de inmediato. El Periodista tenía 18 años y cayó con el pie derecho e inclusive fue factor determinante para que Adolfo Ríos se retirara poco tiempo después: "Cada vez que entra, me siento seguro de que dejo al equipo en buenas manos. Memo es no solo el futuro, sino el presente, creo que ha llegado el momento de hacerme a un lado".

Guillermo Ochoa se llevó a la afición al bolsillo, logró el campeonato de Liga en el 2005, campeón en el 2005 y mundialista en 2006, 2010, 2014 y 2018. Marchó del América en busca de nuevos horizontes, pero terminó regresando como el hijo pródigo, para mantener resguardada la meta Azulcrema.

16 DE FEBRERO DE 1930 — LOS ARGENTINOS NOS VISITAN

El Sportivo Buenos Aires fue un club argentino que, si bien nunca logró un campeonato, vivió sus mejores años a finales de la década de los veinte del siglo pasado. Su principal arma era Carlos Peucelle, quien después sería delantero del River Plate por diez años.

El Sportivo era el primer club de aquel país que visitaba el nuestro. Con el equipo venían, además de Peucelle, otros futbolistas de gran calidad como el portero Botasso, Paternoster, Chividini, Comashi, Orlandini y uno que haría su propia historia años después en nuestro país como entrenador del América: Alejandro *el Conejo* Scopelli.

Este día tocó al América su partido ante el conjunto sudamericano. En sus primeros encuentros, el Sportivo le había metido 4 al Necaxa y 6 al Asturias, por lo que la consigna era recibir los menos posibles. Fue un partido muy parejo y un solo gol hizo la diferencia, Sportivo se llevó la victoria 1-0, pero el mejor hombre fue el portero Azulcrema, el internacional mexicano Isidoro Sota.

17 DE FEBRERO DE 2005 — NO ME GUSTAS, AUNQUE GANES

Mario Carrillo, director técnico del América, se encontraba en el Pedregal de San Ángel, iba rumbo a su automóvil cuando un sujeto se le acercó con un bate y le dijo mientras lo movía contra su mano: "No nos gusta cómo juegas, tienes que jugar más al ataque".

El personaje no tocó a Mario, afortunadamente; tras decirle esto se retiró. Lo increíble es que las Águilas acababan de golear unos días antes a Jaguares de Chiapas. Mario no levantó denuncia alguna, sin embargo, le quedó claro que dirigir al América no es cualquier cosa.

18 DE FEBRERO DE 1984 — EN MI SUEÑO FUE UN GOLAZO

Eduardo Bacas, uno de los mejores jugadores en la década de los ochenta, sufría mucho con su tobillo derecho, que se le inflamaba y tenía que jugar infiltrado. Lo tenían que operar, pero Lalo no quería.

"Llegué al hospital México acompañado de mi hermano. Me asignaron el cuarto, pero yo comencé a tener miedo. Cuando llegó una enfermera y preguntó a quién operarían, yo señalé de inmediato a mi hermano, quien no se dio cuenta. La enfermera comenzó a prepararlo y Miguel le dijo que no, que a quien operarían era a mí, lo que yo negaba. En eso, en el noticiero (la tele estaba prendida) pasaron una imagen mía, dando la noticia de que sería operado, por lo que no tuve más remedio a dejar que me prepararan".

"Llegó la anestesista para canalizar una vena y ponerme suero; pero yo, tan miedoso para esas cosas, tomé mi pantalón y comencé a vestirme, le dije a mi hermano: prefiero terminar la temporada con el pie inflamado".

"Las enfermeras me detuvieron, me dijeron que no tuviera miedo. La anestesista hizo su trabajo y ya no supe nada. Afortunadamente la operación fue un éxito. Cuando me desperté, no sentía mi pierna y pensé que me la habían cortado. Mi esposa me tranquilizó y me dijo que estaba completo".

"Me operaron el 16 y el 18, que era sábado, soñé que estaba jugando fútbol y di una patada, con tal fuerza, que sentí un dolor tremendo, resulta que había pateado una almohada. En mi sueño había sido un golazo. Era tal el dolor que pensé que tendrían que operarme de nueva cuenta y le dije a mi mujer: si me tienen que volver a operar, me retiro del fútbol en este instante, ya no podría soportarlo. Afortunadamente quedé muy bien y regresé mejor que nunca a las canchas".

19 DE FEBRERO DE 2005 — RUMBO AL TÍTULO

Aquella tarde se marcó un parteaguas en las Águilas de Mario Carrillo, el equipo perdió ante Monterrey 4-2. Después del encuentro, el timonel juntó a sus jugadores para aclararles lo que era el América, decirles que tenía los mejores elementos para lograr no solo calificar, sino el título, además los 'amenazó' con incrementar las horas de los entrenamientos al doble si no demostraban su valía.

La filípica funcionó. A partir de ahí, el América no perdería en los siguientes ocho meses y en el camino lograría el título de Liga con un fútbol brillante y lleno de magia. Al final, el legado quedaría como una marca del fútbol mexicano de 28 partidos de Liga sin derrota, y todo comenzó aquella tarde perdida en Monterrey.

20 DE FEBRERO DE 1944 — LA PRIMERA VEZ

El América y Guadalajara se enfrentan por primera vez en Jalisco en un torneo de Liga, eran los inicios del fútbol profesional en nuestro país y, sin saberlo, los inicios de un duelo nacional que aún persiste. El día que se ven las caras, el país entero se paraliza.

El encuentro se jugó en el Parque Vista Alegre y, apenas a los treinta minutos de iniciado el cotejo, se desató una bronca fenomenal que involucró jugadores, cuerpos técnicos, suplentes, aficionados y hasta fotógrafos. En ese momento el marcador era favorable al América 2-1 y los roces entre varios jugadores terminó por encender la chispa. Todo comenzó cuando Terile, al verse rebasado, intentó quitarle el esférico a Scarone con tremendo patadón. El uruguayo se la regresó y el árbitro localista marcó esta última falta. Cuando parecía que todo se calmaría, Luis Reyes fauleó de mala manera a Scarone, que seguía reclamando, y ahí comenzó la batalla de todos contra todos.

Scarone terminó con la nariz rota, Cafaratti con diversas contusiones y Orvañanos con el labio sangrando y un fuerte golpe en el estómago. El árbitro apuntaba, pero no hacía nada por intervenir. Fueron expulsados los agredidos: Orvañanos y Cafaratti. Scarone no pudo continuar por la lesión en la nariz y por el Rebaño el nazareno echó a Gutiérrez y a Lozano, que ni vela tuvieron en el asunto. América se vio más afectado, pero ni así el Guadalajara pudo contener a los Azulcremas. El contundente marcador de 7-2, es muestra de ello. Con 4 goles de Leopoldo Proal, quien estuvo en plan grande, dos de Matamoros y uno de Luis *Tití* García, el América demostraba su jettatura, misma que conserva.

---

21 DE FEBRERO DE 1973 — PIRULETE

Sale a la venta en puestos de periódicos *Pirulete y su pandilla*, producida y dirigida en México por el ídolo americanista Carlos Reinoso. Era una revista de dibujos con tema futbolero. Aunque el ejemplar número uno tiene fecha del día 22 de este mes, apareció el 21 en los puestos de periódicos y ese mismo día se agotó.

Pirulete y su pandilla es una reedición de *Barrabases*, una de las más cotizadas historietas chilenas. Barrabases tuvo cuatro épocas. La primera en 1950, la segunda en 1973, que es la mejor de todas y es la reeditada en México bajo el titulo *Pirulete y su pandilla*; la tercera época es de 1978 y la cuarta época del año 1989.

La mexicana, a diferencia de la chilena, tenía pósteres con futbolistas de equipos nacionales y el presentador es el dibujo del mismo Carlos Reinoso. El número uno contenía una entrevista con el máximo ídolo y goleador del fútbol mexicano en ese momento, el gran Enrique Borja.

---

22 DE FEBRERO DE 2020 — 700 DE MEMO

El portero del América Guillermo Ochoa cumple 700 partidos en el fútbol profesional y lo hace —curiosamente— contra el equipo que debutó 16 años atrás: el Monterrey. Con América, hasta este día, tiene 333 partidos, divididos en 264 en Liga, 30 en Copa Libertadores, 18 de torneo Interliga, 12 en Copa Sudamericana, 3 en Mundial de Clubes, 2 de Campeón de Campeones, 1 de Concacaf y 1 en selectivo para la Copa Libertadores.

En Europa disputó 260 partidos oficiales, de los cuales 116 fueron con el Ajaccio de la liga francesa, 86 en el Estándar de Lieja en Bélgica, 39 con el Granada y 19 con el Málaga en España.

Con la Selección Mexicana 108, divididos en: 8 de Copa del Mundo, 19 de eliminatoria mundialista, 19 en Copa de Oro, 8 en Copa América, 5 en Copa Confederaciones, 1 en Liga Naciones de Concacaf y 48 partidos amistosos. Setecientos y los que le faltan. Un portero fuera de serie.

23 DE FEBRERO DE 1925 — EL CAMPEONATO DE GOLEO

Con 10 goles, un jovencito de 19 años se corona como campeón de goleo del torneo 1924-1925. Ernesto Sota, delantero del América y quien había debutado un año atrás, de inmediato se mostró con un tiro implacable. Acostumbraba a volar por los extremos, salir disparado hacia el área rival y rematar de derecha o izquierda, además de que su cabeceo era preciso.

Fue sin duda uno de los primeros ídolos del americanismo y esencial para conseguir el tetracampeonato en la década de los veinte. Para hacerse del título, Sota le anotó al México, Germania, Necaxa, España, Aurrerá, nuevamente México y Necaxa. Todavía el América jugaría un partido en contra del Asturias, pero ya no había otros encuentros y, por lo tanto, era inalcanzable el delantero americanista, por lo que el 23, un día después del encuentro ante Necaxa, los diarios dieron cuenta oficialmente del campeonato de goleo.

24 DE FEBRERO DE 1999 — SOCIO ÁGUILA

El Club América lanza un programa de lealtad que en pocos meses alcanzó poco más de 200 000 inscritos: Socio Águila.

Esta membrecía, además de traer descuentos en boletos y playeras, trajo diversos beneficios a los partidarios de las Águilas, incluyendo que pudieran conocer de cerca a sus ídolos en una convivencia mensual con los socios ganadores, rifas de automóviles, artículos oficiales con descuentos, felicitación vía telefónica de algún jugador el día del cumpleaños del Socio y visitas al museo del América en el Estadio Azteca, algo que ningún otro club del fútbol mexicano ofrecía ni ofrece.

25 DE FEBRERO DE 1973 — LAS ARTIMAÑAS DE TRELLES

El equipo del Puebla, dirigido por el viejo lobo de mar, Ignacio Trelles, recibe en la Angelópolis al América. El primer tiempo es completamente local. Para cuando termina, van ganando 3-0. Comienza la segunda parte y los Azulcremas tienen una gran reacción. Logran acercarse 3-2 y no solo eso, se tiran con todo al frente buscando el empate. Era cuestión de tiempo para que lo lograran y le dieran la vuelta al marcador. El Puebla estaba deshecho.

Fue en eso que Trelles comenzó su show. Ibarreche es expulsado y cuando abandonaba el terreno de juego, don Nacho lo obligó a volverse a meter y tirarse, quejándose como si se muriera.

El árbitro Yamasaki le ordenó que se parara y se fuera. Este no lo hizo. Entraron las asistencias poblanas aún contraviniendo al árbitro que no les permitía que lo hicieran.

Fue entonces que Yamasaki decide no solo que se vaya el jugador, sino también el entrenador. Trelles, fingiendo molestia, no se va al vestidor, sino que se mete al terreno de juego a reclamar su expulsión.

Después de algunos minutos, el árbitro tomó el balón y le dijo al entrenador: "O se va usted o me voy yo", y el viejo Trelles le contestó: "Pues yo aquí estoy muy cómodo".

Yamasaki tomó el balón, sonó su silbato dando por terminado el partido y se marchó cuando faltaban casi 10 minutos para que concluyera el tiempo. La FMF castigó a Trelles por dos meses, pero también al árbitro por tomar tan drástica medida.

La Federación, en una junta, determinó no solo que se jugaran los minutos restantes, sino que por presión de la directiva americanista se decidió la repetición total del partido.

El 4 de marzo se jugó nuevamente y curiosamente el resultado fue el mismo 3-2 para los poblanos. Aunque parezca increíble, de alguna manera se benefició el América, porque en el partido que no contó, Manolo Lapuente, jugador poblano, había anotado 3 tantos, mismos que ya no contaron para el goleo final. En ese momento, Lapuente peleaba junto a Borja, jugador del América, por el liderato de goleo, quien al final, se llevó el título.

26 DE FEBRERO DE 1970 — EL DEBUT DEL GRAN CHAPARRAL

Por la cercanía con el Mundial que se jugaría en nuestro país, el torneo de Liga se dividió y en este momento se llevaba a cabo lo que sería el primer torneo corto del fútbol mexicano, llamado México 70.

En esta fecha el América se enfrenta al Atlante y hace su debut el chileno Carlos Reinoso, quien en poco tiempo se convertiría en un verdadero símbolo de la institución, a tal grado que es reconocido por muchos como el seguidor número uno del equipo.

Carlos Reinoso era tan poco conocido al momento de su debut que algunos diarios en las crónicas le pusieron: "Reynosa la nueva adquisición de los millonarios".

El partido terminó empatado a un gol y las crónicas coinciden en que Reinoso brilló, sobre todo en los últimos veinte minutos del encuentro, en donde se mostró "Que el chaparrito tiene clase".

27 DE FEBRERO DE 1952 – EL DÍA QUE SALVÉ AL AMÉRICA

La historia de *Pepín* González es muy singular. Él estaba empeñado en jugar al fútbol y hacerlo en América. Su padre se opuso desde un principio y lo sentenció:

"O la escuela y tienes casa y comida o el fútbol, pero vives en la calle".

Pepín ni si quiera lo pensó, agarró algunas cosas en su petaca y se fue de su hogar para seguir sus sueños. No fueron pocas las veces en las que tuvo que dormir en una banca de un parque o en una estación de autobús. Dos meses estuvo jugando en las reservas del América, en donde no le daban un centavo y solo tenía la promesa de que lo subirían al primer equipo.

Faltaban cuatro partidos para que finalizara el torneo 1952-1953, uno de los más difíciles para el club, que se encontraba a punto de irse a la Segunda División y parecía que no había forma de detener el tobogán y, por si algo faltara, había jugadores lesionados. Ante esto, el entrenador Octavio Vial decidió debutar al joven González en el partido contra el Guadalajara, ni más ni menos. Pepín lo hizo con el pie derecho y anotó un tanto.

Aunque parezca extraño, el día más feliz para el novel elemento no fue ese partido de su debut, sino el siguiente, el que jugó ante Atlante el 27 de febrero. El América necesitaba cuando menos del empate para salvarse, si perdía, estaba condenado.

El Atlante se había puesto al frente y se veía en la cara de los jugadores azulgrana que querían mandar al América al infierno del descenso.

Pasaban los minutos y nada, el conjunto Azulcrema no podía anotar. Faltaban tan solo unos minutos para que todo terminara, Salvador Farfán mandó un centro que remató Cañibe. El balón rebotó en el portero Mota, quien despejó hacia el centro.

Pepín González vio que el balón caía a un lado de él y con toda el alma —cuerpo y esférico incluidos— se metió a la portería, decretando el gol del empate. Ese gol le valió al América la salvación y a Pepín un contrato para que ya no volviera a pasar hambre en la calle.

Entre varios jugadores y directivos pasaron el sombrero para el héroe del encuentro (no había dinero para el famoso bono al mejor jugador), juntando 600 pesos ¡Una fortuna!, pero para Pepín el dinero era lo de menos ante el gusto de salvar a su querido América del descenso.

28 DE FEBRERO DE 1926 — DOS AÑOS SIN DERROTA Y TÍTULO INCLUIDO

Este día el equipo América cumple 24 meses sin conocer la derrota. Es el campeón vigente y a las 12 se mide ante el Asturias. El conjunto Crema, manteniendo la racha, derrota 1-0 al conjunto de la Casona, alcanzándolo en el primer lugar de la tabla.

El árbitro finaliza el partido y los astures reclaman que faltan 3 minutos para cumplir los noventa reglamentarios. Los americanistas, que ya se estaban cambiando, regresan a jugar los tres minutos restantes. El marcador no se mueve. El Asturias quiere ganar a toda costa y reclama ante la Federación de que esos momentos para regresar al encuentro los enfrió y es cuando más jugaban. La Liga decide lavarse las manos y se inventa que se jueguen tres partidos entre ellos para conocer al equipo campeón, que en teoría ya era para el América por mejor diferencia de goles. Al final, como debía de ser, el título se lo quedaron los Azulcremas.

29 DE FEBRERO DE 2020 — SIN CERVEZA Y SIN APUESTAS

En el torneo de liga se enfrentan América y Necaxa. De inicio, arrancó un joven de 17 años con el número 242 en la camiseta, Román Arturo Martínez Canales. Su playera no tenía algunos de los anuncios publicitarios que las otras sí. En la transmisión, uno de los comentaristas resaltó el hecho y se pensó que esto era por un error.

Pero ¿Cómo era que parte de la publicidad sí estaba y otra no? Fue entonces que un miembro del equipo de transmisión se acercó al palco de los directivos para averiguar y ahí obtuvo la respuesta.

El jugador era menor de edad y por decisión propia ninguno de sus futbolistas que tenga menos de 18 años portará en el uniforme anuncios de casas de apuestas o bebidas alcohólicas. Publicidad que justamente faltaba en su playera. Medida acertada para una institución deportiva.

MARZO

1 DE MARZO DE 1925 — EL PRIMER CAMPEONATO

El más cercano perseguidor de los Cremas era el Asturias, otro de los conjuntos hispanos. El partido clave, que decidiría el campeonato, se jugó el 1 de marzo de 1925 en el Parque Asturias, ubicado en pleno Paseo de la Reforma en lo que hoy son las calles de Rhin y Lerma.

En aquellos años, en la Liga mexicana se jugaban dos tiempos de 35 minutos cada uno. Faltando tres para finalizar el partido, el marcador señalaba 0-0. El incansable Rafael Garza Gutiérrez, *Récord*, alentaba a sus jugadores para que no dejaran ir la oportunidad, ya que el cuadro asturiano se encontraba materialmente en su meta, defendiéndose ante los embates contrarios. Récord, como tantas veces lo había hecho, desbordó desde la defensa y tomó un balón en la media cancha. Se escapó por el lado izquierdo ante la marca de dos asturianos y centró por donde entraba Juan Terrazas, quien, burlando al portero, anotó el tanto de la victoria.

Aquella jornada fue inolvidable. El América se presentó con la siguiente alineación:

Nacho de la Garza; Manuel Yáñez y Rafael Garza Gutiérrez, *Récord*; Francisco *Camión* Henríquez, Enrique *Matona* Esquivel y Luis *Oso* Cerrilla; Rosendo *Picorete* Terrazas, Pedro Legorreta, Guillermo Márquez Acuña, Horacio Ortiz y Juan Terrazas. En la banca se quedaron Carlos Garcés, *Fofo* García Besné y Ernesto Sota, quienes celebraron de igual manera.

Comenzaba una era de triunfos, de campeonatos. Un formidable equipo llamado América iniciaba su epopeya histórica y Alfredo García Besné se proclamaba campeón de goleo.

*Nota: El campeonato todavía tenía dos jornadas más, por eso algunos señalan la fecha del campeonato el día 14 de marzo, cuando el América tenía que jugar ante el Aurrerá, pero el España y el Aurrerá se retiraron de la competencia y el partido no se jugó, aunque ambas fechas son correctas para señalar al equipo campeón.

2 DE MARZO DE 2007 — PASE ÁGUILA

El problema de la reventa se agravó, sobre todo en los últimos encuentros importantes del América, por lo que la directiva decidió, a partir de esta fecha, lanzar 'Pase Águila', una tarjeta con un costo de 200 pesos en una sola exhibición (incluye la entrada a un partido), que te otorga un número único, como el de una tarjeta de crédito y un código de socio, de tal forma que la persona que quiera adquirir boletos (hasta 5 por partido en temporada regular y dos en liguilla y final) solamente tiene que hablar al número telefónico que viene en la tarjeta, dar su número y clave, realizar su pago vía electrónica y así olvidarse de las filas y de los revendedores. El día del partido solamente acude a la entrada dispuesta para los socios del 'Pase Águila' con su tarjeta y tiene acceso inmediato.

Esta medida ha sido tan eficaz que, prácticamente, en los partidos del América se ha evitado la reventa, salvo en las aficiones visitantes que quieren boletos a toda costa.

3 DE MARZO DE 1940 — UN GUATEMALTECO EN EL EQUIPO

Debuta Juan Francisco Ramón Aguirre Barrutia, único futbolista guatemalteco que ha jugado oficialmente con el América y primero en hacerlo en el extranjero. Llegó precedido de gran fama a principios de 1940, procedente del Hércules de su país, un delantero con buen disparo, inteligente y cañonero.

En este encuentro ante el Necaxa, el América gana 3-1 y aunque Aguirre no marcó, dejó un buen sabor de boca. Dos semanas después anotó sus primeros dos goles ante el España. Fue el único extranjero del equipo esa temporada. Jugó 5 partidos y logró 3 goles.

En la temporada 1940-1941 jugó 10 partidos marcando 6 tantos, destacándose un *hat trick* al Atlante.

En 1941 viajó con América a una gira en su país, en donde era ampliamente conocido, no solo por el fútbol, sino como un gran atleta, que inclusive ostentaba el récord centroamericano de bala, además de ganador de diversos eventos de jabalina y velocidad.

En la temporada 1941-1942 jugó 5 partidos más, anotando 3 goles. Todos ellos, otra vez, ante Atlante. Juan Aguirre se despidió con excelentes números del América al anotar 12 goles en 20 partidos oficiales. Además, tiene la marca de ser el único extranjero americanista en anotarle dos *hat tricks* al Atlante.

En su país fue seleccionado nacional en Juegos Centroamericanos y entrenador del Hércules, Tipografía Nacional y Aurora FC. Destacó en los años cuarenta en sóftbol, atletismo, squash, baloncesto, natación, tenis y fútbol americano.

4 DE MARZO DE 1998 — COPA LIBERTADORES

El América participa por primera vez en Copa Libertadores. Su rival es un viejo conocido: el Guadalajara, al que le ganamos como visitante 0-1 con tanto de Alberto García Aspe.

Las Águilas forman parte del grupo 2 junto con Gremio y Vasco Da Gama. El América es el primer equipo mexicano en calificar a octavos de final en donde es derrotado por River Plate con global de 2-1.

Ese sería el inicio del camino. El torneo de clubes más importante del continente tiene en las Águilas, al mejor representativo mexicano en su tabla histórica, con 7 participaciones, logrando llegar a 3 semifinales, 1 Cuartos de final y 3 Octavos de final, acumulando 124 puntos, producto de sus 37 triunfos y 13 empates en 72 partidos, además de que un jugador del América, Salvador Cabañas, fue campeón goleador en dos años consecutivos del torneo, 2007 y 2008. No hay, en la Libertadores, otro conjunto mexicano con tanto bagaje como las Águilas del América. Un equipo que hace nombre dentro y fuera de nuestras fronteras.

5 DE MARZO DE 1950 — EL ENEMIGO ESTÁ EN CASA

Hay problemas entre los mismos directivos y esto trae consigo falta de liquidez, retraso en los pagos a los jugadores, molestias entre el cuerpo técnico y un sinfín de problemas que se tornan muy graves.

El América tiene que jugar a las 12 del día en Puebla. Son las ocho de la mañana y los jugadores del primer equipo esperan el camión que los llevará al partido, pero ni el autobús, ni los directivos y ni siquiera el entrenador llegaron. Los jugadores deciden irse en sus propios automóviles, uno de ellos, un Ford 1931 propiedad de Manolo Cañibe.

Cuando están por la zona llamada Río Frío, el automóvil se desviela, por lo que tienen que acomodarse en los otros. Así llegan por fin a Puebla, faltando 15 minutos para que comience el encuentro. Los jugadores se cambian como pueden y se lleva a cabo el partido, mismo que se pierde. Con la molestia de la derrota, los muchachos se juntan a comer unas tortas —no habían desayunado— y se regresan a la ciudad de México. Sin viáticos, sin entrenador, mal pagados y olvidados, pero ellos, así con todas las penurias de aquellos años tan críticos para el equipo, demuestran día a día su amor incondicional por la camiseta americanista.

5 DE MARZO DE 2016 — ADIÓS, CUAUHTÉMOC

Cuauhtémoc, el América y la afición de las Águilas tuvieron su último encuentro dentro de la cancha. El ídolo del fútbol mexicano se despide del fútbol jugando como debía de ser, dentro del torneo de Liga. Blanco volvió del retiro para cumplir lo que todos querían, una digna despedida.

Muchos pensaban que tras un tiempo fuera de las canchas, y a sus 43 años, el Temoc estaría presente apenas unos minutos, pero demostró que la clase, el buen toque, la visión del juego nunca se pierden, aunque la velocidad no sea la misma.

Apenas tenía unos minutos el partido cuando Cuauhtémoc dio muestras de su clase y estuvo a punto de marcar un enorme tanto, que desgraciadamente no fue porque se lo evitó el travesaño.

Como ya estaba pactado, el ídolo dejó el partido al minuto 36, no sin antes deleitar con su cuauhtemiña y con algunos dribling dentro del área enemiga.

Al medio tiempo, el tepiteño recibió un homenaje al centro del campo y dio la llamada vuelta olímpica, para agradecer a la afición que se hizo presente.

El América ganó aquella tarde 4-1, pero el resultado es lo de menos. El adiós de Cuauhtémoc, el ídolo amado y odiado por sus jugadas y polémicas, jamás será olvidado.

6 DE MARZO DE 1955 — LOS DUEÑOS DE LA COPA

Un año atrás, el América ganó la Copa México y este año repite y de igual forma el rival es el Guadalajara, con el que comienza a crearse una rivalidad muy singular.

El partido es muy cerrado, llegadas de ambos conjuntos y un solitario gol de Manuel Cañibe a los inicios de la segunda parte. El equipo Guadalajara, que venía de hilar cinco triunfos consecutivos, incluyendo una goleada al campeón de Liga, el Zacatepec, se va con todo al frente en busca del empate. La soberbia actuación del portero Manuel Camacho, que está muy certero, es la clave para que el cuadro capitalino se corone. El conjunto campeón alinea con Manuel Camacho, Norberto Iácono, Héctor Uzal, Héctor Ferrari, José Luis Lamadrid, José Santiago, Manuel Cañibe, Rubelio Esqueda, Gerardo Nava, Juan *el Gato* Lemus y Emilio Fizel, los grandes dueños de la Copa.

7 DE MARZO DE 1965 — DOBLETE

Por segundo año consecutivo el equipo Azulcrema se hace de la Copa México (repitiendo la hazaña de la década anterior). Jugando en Ciudad Universitaria, se golea 4-0 al Morelia, logrando en forma inobjetable este merecido éxito.

El América salta a la cancha con Ataulfo Sánchez, Severo de Sales, Juan Bosco, Antonio Jasso, Víctor Mendoza, Javier Fragoso, Alfonso *Pescado* Portugal, Fernando *Perro* Cuenca, Arlindo Dos Santos, Federico Ortiz y el internacional brasileño Netto Isidio, *Vavá*.

Eran los tangibles resultados de la nueva administración, que demostraba ciertas las palabras de Emilio Azcárraga: no sabía nada de fútbol, pero de negocios sí y acompañado por Guillermo Cañedo, que de fútbol sabía mucho, las cosas se dieron positivamente.

8 DE MARZO DE 2003 — GOLPE A TRAICIÓN

El equipo Veracruz y el América se enfrentan esta tarde bajo un clima muy tenso. El portero argentino de los Tiburones, Damián Grosso, se la pasa insultando a Cuauhtémoc Blanco buscando sacarlo de sus casillas. Ya terminado el encuentro, que ganan las Águilas 2-0, ambos jugadores siguen con los insultos y a punto está de darse una bronca generalizada.

Camino a los vestidores, el cronista de TV Azteca, David Faitelson, algo dice que le molesta al americanista, por lo que, al entrar al vestidor, por una de las ventanas de este, saca su brazo y tira un puñetazo al comentarista, quien se encuentra de espaldas, por lo que no ve quien lo agrede.

Las cámaras de televisión captan el momento y por supuesto el jugador es duramente criticado. David se encuentra en el aeropuerto al presidente del América, Javier Pérez Teuffer, y le comenta:

"Mira Javier, desde la ventana del vestidor, alguien me agredió y me dicen que fue Cuauhtémoc".

Y en lugar de disculparse, el directivo le contesta: "Ya te tocaba gordito".

Y se va, dejando solo al periodista de TV Azteca.

Días después, Cuauhtémoc Blanco ofrece una disculpa pública:

"Quiero ofrecer una disculpa a David Faitelson por la agresión del sábado pasado en Veracruz, reconozco que fue una actitud desleal, sé muy bien que no hay palabras para disculpar mi actitud a pesar de ser atacado sistemáticamente en lo profesional y lo familiar por el señor o por otros comentaristas de Televisión Azteca".

En el 2017, cuando ya Faitelson trabaja para ESPN, Cuauhtémoc es

invitado a la estación y ambos se ven la cara para platicar del asunto, aclarando que ya todo estaba olvidado desde años atrás, cuando el ídolo americanista le ofreció disculpas personalmente. No obstante, hasta hoy en día, en las redes sociales, la afición sigue recordando el incidente y molestando al periodista sobre algo que ocurrió muchos años atrás.

9 DE MARZO DE 1991 — EL TANQUE MILOC

Uno de los grandes extranjeros que ha llegado a México es el uruguayo Carlos Miloc. Como jugador, y más tarde como entrenador, el famoso Tanque mostró su entrega, coraje y calidad. Un verdadero apasionado dentro y fuera de las canchas, cuya vehemencia en muchas ocasiones lo traicionaba y se desbordaba.

Miloc debuta este día como director técnico del América. No se le auguraba mucho, el equipo venía de una mala racha y don Carlos, para calmar las olas, dijo ante los periodistas:

"El América es tan bueno que hasta por teléfono lo dirijo".

En su primer partido ante el León, rescató el triunfo 3-1. A los tres días de debutar en liga, lo hizo en el torneo de la Concacaf venciendo 6-0 a Pinar del Río y coronándose en la Copa de Campeones. La primera derrota llegó semanas más tarde ante Toluca y esa fue la única bajo su mando en la liga, la otra fue en la final ante Pumas 1-0. El saldo fue más que favorable, 12 ganados, 7 empatados y 2 perdidos, Campeón de Concacaf y subcampeón de Liga. El Tigre mayor se convirtió unos meses en Águila.

10 DE MARZO DE 1955 — CAMPEÓN DE CAMPEONES

La liga fue ganada por el Zacatepec, mientras que la Copa por el América, por lo que este día se enfrentan ambas instituciones buscando el ansiado Campeón de Campeones.

Dos conjuntos muy complicados que realizan buen fútbol. El América aprovecha que los Cañeros comienzan tibios y se tiran con todo buscando el gol que los ponga al frente, presionando, dominando desde la mitad de la cancha hacia adelante, pero el Zacatepec se defiende muy bien.

La segunda parte es la más emocionante. Zacatepec reacciona en busca del triunfo. Y aquí es donde llegan los goles. Al minuto 63, luego de una escapada, Fiezel pone el balón como con la mano por donde entra *el Siete Pulmones* Nájera listo para clavar el esférico en las redes.

Al minuto 72 empata el Zacatepec y, pocos minutos más tarde, el

América toma ventaja tras un tiro de castigo de Fizel y remate de cabeza del grandote Cañibe, quien también logra el tercero rematando un centro de Palmer.

El Zacatepec se va con todo, pero los Azulcremas defienden muy bien. Al minuto 43 los Cañeros logran su segundo tanto de tiro penal, luego de una falta de Nájera. Camacho detiene, pero el árbitro repite la jugada y el conjunto morelense se vuelca los últimos minutos, pero ya nada puede hacer. Con un 3-2 final, los muchachos dirigidos por Octavio Vial se quedan con el Campeón de Campeones.

10 DE MARZO DE 1963 — FINAL DE ORO

Un título ganado con todo mérito. Triunfo rotundo y claro del América al conjunto del Oro de Guadalajara, que en ese momento era el campeón de Liga y claro favorito para quedarse con todas las canicas del fútbol mexicano.

Zague y Moacyr, la pareja explosiva de los Azulcrema, salen inspirados. Los dos primeros goles se dan en la primera mitad, ambos a pase del Lobo Solitario y remate del Moa.

La segunda parte es también del lado americanista. Moacyr clava el tercero y Garrido anota el cuarto. Una sacudida para el cuadro de los Mulos que parte como favorito y que tan solo logran el gol del honor cuando el partido ya termina. El América se corona campeón de Copa con un 4-1 espectacular.

11 DE MARZO DE 1918 — UN GOLEADOR SUIGÉNERIS

La temporada 1917-1918 está llena de polémica. Dos equipos abandonan durante la contienda, el España y el España B, azuzados por el primero, que ve interrumpida su racha de títulos ganados consecutivamente y hace su berrinche, queriendo jugar una serie de tres partidos contra el Pachuca, que es el primer lugar, para determinar al campeón.

En una primera oportunidad, ya con el Pachuca como campeón de Liga, el goleo individual pertenece a Lázaro Ibarreche del España, pero al descontar sus goles por abandono de la Liga de su equipo, el día 11 de marzo queda establecido que, con 6 tantos, el Americanista (ese año se jugó con el nombre de Centro Unión) Abel Flores Reyes es el nuevo campeón de goleo. Lo curioso del caso es que el Unión queda en el último lugar de los seis equipos que disputan el torneo y el equipo solamente anota en todo el campeonato 6 tantos, todos, obra de Flores.

12 DE MARZO DE 2020 — VIOLENCIA FUERA DE JUEGO

El jugador del América, Renato Ibarra, es dejado en libertad tras permanecer una semana en el Reclusorio por violencia familiar, al agredir a su esposa en forma física y verbal, por lo que el club decide sepáralo del equipo, avisándole que ya no puede jugar con las Águilas ya que la institución no admite este tipo de conductas.

Al tener el perdón de su esposa, el ecuatoriano se libra de pasar varios años en la cárcel, porque en un principio se le acusa de tentativa de feminicidio. Lamentable que un elemento con tanto fútbol, que militó cuatro años en las filas del América, termine así su carrera en nuestro país.

13 DE MARZO DE 1932 — DEPORTE DE CABALLEROS

América y Asturias disputan la fecha 4 del torneo 1931-1932. El partido se encuentra 0-0 y el árbitro señala un penal cuando un jugador del América cae aparatosamente dentro del área. Rafael Garza Gutiérrez, el famoso Récord, capitán del equipo, toma el balón para cobrar. El portero del Asturias, Oscar Bonfiglio, increpa a Récord:

"Así serán buenos, ni lo toqué, se dejó caer".

Rafael, que es un caballero dentro de la cancha, se acerca a su compañero y le pregunta si en verdad fue penal. Este le confiesa que no, que él efectivamente se deja caer. Garza Gutiérrez toma el balón, lo pone en el punto penal y, cuando todos pensaban que cobraría hacia la portería, manda el balón a propósito hacia la esquina del área, dando muestras de caballerosidad. La gente del Asturias y también la del América lo aplauden. Así de íntegro es el capitán americanista.

14 DE MARZO DE 1965 — LA CAMISETA DEL TIGRE

América y Guadalajara disputan la final del Campeón de Campeones. Los partidos entre estos equipos se han convertido ya en un clásico, los jugadores de ambos conjuntos no pueden verse ni en pintura.

El estadio está completamente lleno, el encuentro resulta muy brusco, la afición se muestra totalmente pasional, dividida por los colores. Casi comenzando el partido, Valdivia lesiona a Portugal al cometerle una falta por detrás obligándolo a dejar el terreno de juego, lo que limita el accionar del América.

Héctor Hernández se le va encima a Ibarreche, que reclama, se vuelve loco, agrede a Mendoza y a Jasso. Este último le da un cabezazo.

Sepúlveda entonces se une a la batalla y se va contra Jasso. El árbitro Valenzuela expulsa a Hernández y Sepúlveda por las Chivas y a Jasso por los Cremas.

El Tigre, antes de abandonar la cancha, se arranca la playera y la tira al área americanista diciendo:

"Con esa tienen hijos de %&*#. Esta playera sola es suficiente para ganarle al América, bola de mugrosos...".

Desgraciadamente las Chivas se llevan el título al ganar 2-1, pero ese clásico sirve para alimentar de forma drástica el Clásico de Clásicos. Después de esto, nada fue igual.

15 DE MARZO DE 2020 — A PUERTA CERRADA

Pasaron 11 años para que un partido en el estadio Azteca se volviera a jugar a puerta cerrada, el anterior fue por la influenza AH1N1 y en esta ocasión por el COVID-19 y tienen un par de similitudes curiosas.

El del 2009 fue un encuentro América-UAG. El equipo de los Tecos era dirigido por Miguel *el Piojo* Herrera, hoy entrenador del América, y los porteros de los equipos eran Guillermo Ochoa por las Águilas y José de Jesús Corona por los Universitarios, ambos estuvieron este día de nueva cuenta, Ochoa por el América y Corona por Cruz Azul y en ambas ocasiones, el perdedor fue el América.

16 DE MARZO DE 2019 — HUMILLACIÓN SENTENCIADA

El América y el Guadalajara juegan en un lapso de tres días dos partidos, uno de Copa para avanzar a semifinales y el día 16 otro dentro del torneo de Liga. En el primero, las Águilas dejan fuera de la Copa a las Chivas, en el segundo, en el mismísimo estadio del Rebaño, se les gana 2-0, dando cuenta de la superioridad americanista y sacándolos de la zona de liguilla. Una humillación sentenciada y al doble, sobre el rival más débil.

17 DE MARZO DE 1991 — OCHOCIENTOS GANADOS

Jugando como visitante, el América vence 1-2 al Querétaro, lo que significa su triunfo 800 en la historia del equipo. Las Águilas van echando para atrás a los Gallos y al minuto 55 llegan con arrojo. Sergio Bueno, en su intento de despejar, rebana el esférico que llegó a la cabeza de Toninho, delantero del América, quien simplemente la empuja.

El segundo tanto llega al minuto 72, cuando Zaguinho toma el balón

de aire y perfora la meta de Celestino Morales. Descuenta Querétaro en el minuto 89. El América sigue haciendo historia.

18 DE MARZO DE 1981 — MUERE PINKSTON, CHÁVEZ CONOCE A SU PADRE

Adrián Chávez es uno de los mejores porteros de la historia del América, dos veces campeón de Liga con las Águilas, dos veces Campeón de Campeones, 3 veces Campeón de Concacaf, Campeón de la Copa Interamericana y mundialista en 1994.

Adrián crece sin saber quién es su padre biológico y esto lo sabe justo este día, cuando le avisan que el afamado beisbolista norteamericano de Grandes Ligas, Alfred Pinkston, ha fallecido. Este pelotero, el año que nace Chávez, impone el récord de 144 carreras impulsadas en una campaña, jugando con los Diablos Rojos del México, además de récord de hits, con 125, y conquista su segundo cetro de bateo de manera consecutiva.

Pinkston gana cuatro títulos de bateo en forma consecutiva en su carrera y está a nada de ganar un quinto, pero lo pierde a manos de Vinicio García.

Cuando Adrián Chávez pregunta el porqué tanta insistencia de que conozca que este beisbolista ha fallecido, le informan que quien ha muerto es su padre, al que nunca conoció en vida.

19 DE MARZO DE 1977 — SE RAJÓ JALISCO

En los años que tiene de existencia el equipo Jalisco (antes llamado Oro) el América no le ha ganado en su estadio en Guadalajara. Partidos iban y otros que venían y nada. Esta noche, sin embargo, se rompe el embrujo. Y como dicen, para que la cuña apriete, tiene que ser del mismo palo. El primer gol es anotado por Antonio de la Torre y el segundo por José de Jesús Aceves, ambos jugadores nacidos en el estado de Jalisco. Ni más ni menos.

20 DE MARZO DE 1923 — MÉDICO AMERICANISTA

Uno de los pioneros del América, Gregorio Cortina Gutiérrez, primo hermano de Rafael y Francisco Garza Gutiérrez y de Germán Núñez Cortina, anuncia este día su retirada del club. Su otra pasión es la medicina y la residencia en un hospital consumiría su siguiente año.

Es triste para él tener que dejar a su primer amor: el fútbol. Le duele y mucho, pero el Dr. Gregorio Cortina marca un antes y un después. Es

el primero en llevar la medicina homeopática, disciplina en la que es una eminencia, al club y al fútbol mexicano. No fueron pocos los jugadores azulcremas que pasaron por sus manos.

El doctor Cortina, así como es pionero en el fútbol, lo es de igual manera en este campo en el Instituto Politécnico Nacional, en donde echa a andar el plan de estudios de la carrera de Medicina Homeopática.

21 DE MARZO DE 2009 — ZAGUE SE NOS CASA

Uno de los grandes ídolos americanistas es Luis Roberto Alves, *Zague*. Un personaje querido no solo por los seguidores del equipo, sino por gran parte de los aficionados del fútbol mexicano debido a su carisma y sobre todo por el acercamiento con los niños.

Este día, Zague se casa con la periodista Paola Rojas, a quien conoce en un evento social organizado por Televisa unos años atrás y desde entonces quedan flechados.

La boda se realiza en Xcaret, muy cerca de Cancún. Asisten 400 invitados, entre los que están Ricardo Peláez, Joaquín del Olmo, Alberto García Aspe, Antonio Carlos Santos y Carlos Hermosillo. Los padrinos de enlace matrimonial son el presidente de México Felipe Calderón y su esposa Margarita Zavala.

El matrimonio dura 9 años, hasta que un video escándalo de Zague en el 2018, da al traste con el feliz matrimonio que cuenta con unos gemelos, Leonardo y Paulo.

22 DE MARZO DE 1938 — CON ALMA DE PIRATA

Uno de los futbolistas más completos en la historia del fútbol mexicano es el veracruzano Luis de la Fuente. El famoso Pirata.

El *Pirata* Fuente lo tiene todo: capacidad, disparo, inteligencia, fortaleza, velocidad, salto. No es propiamente un goleador, aunque hace muchos goles, es más bien un diez muy hábil con una agilidad mental impresionante.

Luis juega a nivel internacional en España con el Racing de Santander, en Argentina en el Vélez Sarsfield y con el equipo paraguayo Atlético Corrales. Seleccionado nacional, viaja a Roma para la eliminatoria de 1934, un portento de jugador, pero muy rebelde.

Luis *Pirata* Fuente firma para el América en este día, y aunque el mítico jugador permanece tan solo algunos meses con el conjunto crema, en ese lapso da constancia de su buen fútbol y ayuda a que el América conquiste la Copa México.

Gracias a sus magníficas actuaciones, el Club España, alma mater

del Pirata, lo atrae de regreso a su plantilla, mejorándole sustancialmente su sueldo. Se va, pero deja en el América su huella, su alma de pirata.

23 DE MARZO DE 1967 – ZAGUINHO

Nace en la ciudad de México Luis Roberto Alves, *Zaguinho*, el mayor goleador en la historia del América. Luis vive sus primeros años de vida en México, pero su papá José Alves, *Zague,* se retira del fútbol y regresa con su familia a Brasil.

Pasa el tiempo y cuando está a punto de cumplir los 18 años, tiene que elegir nacionalidad, la mexicana por su lugar de nacimiento o la brasileña, en donde ha pasado casi toda su vida. Para sorpresa de muchos, elige sin pensarlo la mexicana.

Zaguinho en realidad nunca se siente completamente brasileño, inclusive en la escuela a él y a su hermano les llaman *los mexicanitos,* junto con su papá escucha música mexicana y ve películas del llamado Cine de Oro de nuestro país, además que, desde niños, su equipo es el América.

Una anécdota que pinta muy bien el amor de Zaguinho por el equipo la cuenta el exárbitro Eduardo Brizio, quien en una ocasión en la que Luis jugaba y era capitán del Necaxa y Brizio era el árbitro central, le pregunta al tirar la moneda, para que eligiera cancha:

—¿Águila o sol (cara o cruz en otros países) Zague?

Y el méxico-brasileño contesta:

—Águila Brizio, yo siempre seré Águila.

24 DE MARZO DE 2020 – EL PEOR DE LA HISTORIA

En plena cuarentena por el COVID-19, en las redes sociales varias páginas de aficionados americanistas deciden unirse para realizar una votación sobre el peor director técnico en la historia de las Águilas del América.

El 'ganador' de esta terrible distinción es, por mucho, el argentino Ramón Díaz, al que se le tacha de mercenario. El llamado Pelado, quien tuvo un pésimo torneo en el 2008, en donde al equipo no se le vio orden ni idea de juego, termina por arrasar con una votación casi unánime de los aficionados.

En sentido contrario, se elige mejor estratega a Leo Beenhakker, aquel holandés que dirigió en la década de los noventa y que, sin llegar a ser campeón, dejó en el aficionado un enorme recuerdo por ese equipo que deleitaba en cada partido.

25 DE MARZO DE 2016 — LA MUERTE DE CÁRDENAS

El día de hoy muere uno de los entrenadores que quedaron marcados en la historia del club. Raúl Cárdenas, tres veces mundialista como jugador y DT de México en el Mundial de 1970, llega al América en 1975 y gana la Liga 1975-1976, el Campeón de Campeones de la misma temporada, el Campeones de la Concacaf 1978 y la Copa Interamericana ante Boca Juniors.

Cárdenas había sido muchos años entrenador del Cruz Azul y en una ocasión, recién llegado a Coapa, su mente lo traiciona y queda una chusca anécdota de la cual doy cuenta.

En la jornada dos de la temporada 1975-1976, primera de Cárdenas con el América, se enfrentan Cementeros y Azulcremas en el estadio Azteca. De pronto un tiro libre a favor de Cruz Azul, lo ejecuta Eladio Vera y mete un golazo. Raúl Cárdenas, en la banca del América, se levanta para festejar, pero se da cuenta de que ya no es el técnico de los Cementeros y que el gol es en contra de su equipo.

La historia dice que don Guillermo Cañedo luego del partido le habló y le llamó la atención por estar festejando goles de los rivales. No lo volvió a hacer y festejó cada gol y triunfo de su América querido.

26 DE MARZO DE 1996 — EL RETIRO DEL BONI

El partido entre dos de los equipos más apasionantes del fútbol nacional, el América y el Cruz Azul, sirve de escenario para que el árbitro más querido del medio, Bonifacio Núñez, se retire.

El famoso Boni, único silbante al que he visto que la afición lo recibía con aplausos mientras entraba al terreno de juego y que interactúa de tal manera con los jugadores que terminan siendo sus grandes amigos.

Este día se aleja de las canchas definitivamente. La directiva le da un reconocimiento al finalizar el partido y la afición se le entrega como siempre, con una ovación de pie para el árbitro más polémico y querido.

27 DE MARZO DE 2020 — LA DUPLA BENÍTEZ-JIMÉNEZ

En medio de la contingencia por el Coronavirus, el excanterano americanista Raúl Jiménez, delantero del Wolverhampton, de la Premier League, hace un Facebook Live, interactuando con cientos de seguidores.

Un aficionado le pregunta sobre su mejor compañero en la delantera; Jiménez recuerda sus inicios con las Águilas y señala que Christian

el Chucho Benítez ha sido su mejor aliado:

"Fue Chucho, que en paz descanse, un gran jugador al que le debo mucho; muchos consejos que él me daba. Gran jugador, una persona increíble, me tocó vivir muchas cosas con él, dentro y fuera de la cancha".

"Le debo mucho. Sé que estaría muy orgulloso de lo que he logrado, porque sé que él confiaba mucho en mí y en lo que podía hacer".

Hoy en día, Jiménez hace su propia historia y algún día, esperemos que en muchos años, lo tendremos de regreso en casa.

28 DE MARZO DE 1962 — EL PRIMER PALCO

Los aficionados al América René Letayf y Ezequiel Quiñones adquieren el primer palco en el estadio que está en construcción, el Azteca. Este día dieron un enganche de 45 000 pesos y posteriormente diez mensualidades de 3100 y diez más de 3500 y por último diez y seis pagos finales de 4000 cada uno, para un total de 175 000 ¡Una verdadera fortuna!

Y así tener derecho a su palco por 99 años desde el momento de la inauguración, es decir, de 1966 hasta mayo del 2065. El número de palco que eligieron fue el 2117 que da justo al centro de la cancha y que hasta hoy en día disfrutan sus familias.

29 DE MARZO DE 1996 — EL ADIÓS DE BIELSA

En forma intempestiva el entrenador argentino Marcelo Bielsa es separado del cargo. Es cierto que el equipo viene arrastrando una racha negativa, pero también lo es que ya está calificado a la liguilla, por lo que, faltando apenas dos jornadas para terminar la temporada regular, no es lo más deseable.

Los números de Bielsa con el América son: 10 triunfos, 14 empates y 8 derrotas, 53 goles a favor por 41 en contra. En el ambiente, queda que la era de Bielsa hubiera dado muchos frutos de seguir en el equipo, cuando otros entrenadores fueron aguantados con peores resultados. Años más tarde, el América intenta traer de nuevo al Loco, pero este ya es muy caro para el fútbol mexicano.

30 DE MARZO DE 1941 — EL DEBUT DE TITÍ

Luis García Cortina, *Tití*, es un futbolista fuera de serie. Un delantero con gran técnica, presencia en el área, pero además sabe repartir muy bien el juego. Tití juega con el Real Club España y en el Necaxa, fue campeón Centroamericano, seleccionado nacional y el primer futbolista mexicano en actuar en un equipo argentino, el Vélez Sarsfield, en donde llega a situarse como líder de goleo, pero una lesión primero y un cambio de director técnico después, lo obligaron a regresar a nuestro país. Ficha con el América en donde debuta este día logrando dos goles, uno de ellos espectacular. García se retira aún joven pocos años después, porque otra carrera lo enamoró, la de Piloto Aviador.

---

31 DE MARZO DE 2002 — LA LESIÓN DE FRANKIE

Seleccionado colombiano, mediocampista fino que llega al América y demuestra su entrega con el equipo en cada jornada. El futbolista viene destacándose con el equipo, pero en el partido ante las Chivas del Guadalajara una artera patada le rompe el cartílago del tobillo, lo que lo mantiene fuera durante un tiempo. En este encuentro, Oviedo marcaba la pauta en la media cancha y su salida al minuto 29, por la lesión, da al traste con el partido que se termina perdiendo 3-2. Oviedo regresa afortunadamente meses después para ganar el campeonato con las Águilas.

ABRIL

1 DE ABRIL DE 1987 — NO NOS VENDEMOS

Según aseguró el jugador del América, Efraín *el Cuchillo* Herrera, el dueño del Atlante, José Antonio García, se acercó a él y a otros jugadores del equipo (de los cuales no dio nombre) para ofrecerles una cantidad importante si se dejaban ganar en el partido de liga que se jugaría unos días después entre ambos equipos.

La contestación no solo fue negativa, como debía de ser, sino que el Cuchillo le aseguró que los avergonzarían por atreverse a ofenderlos de esa manera. El América ganó finalmente 2-0, dándole un baile al equipo azulgrana.

2 DE ABRIL DE 2008 — GANARLE A RIVER

El América juega su pase a octavos de final de la Copa Libertadores. En una batalla cerrada por el segundo sitio, enfrenta al líder del grupo 5, el River Plate, que es magistralmente dirigido por el *Cholo* Simeone. A las Águilas no les queda otra más que ganar en el Azteca si quieren seguir vivos.

Apenas corre el minuto 6 cuando River Plate anota por medio de Archubi, lo que pone una loza en las espaldas del equipo de Coapa. El América presiona, pero los minutos pasan con rapidez y no puede empatar.

La igualada llega en el minuto 51, con un remate de palomita del canterano Rodrigo Íñigo. Apenas dos minutos más tarde, tras un centro de Cabañas, Esqueda logra el 2-1, lo que le da un respiro al equipo mexicano, sin embargo, River cuenta con uno de los mejores equipos del certamen.

Todavía festejaban su gol las Águilas cuando los argentinos lograron el empate a dos tantos gracias a un autogol de Diego Cervantes.

Llegan los mejores minutos, al 60, tras cobrar una falta, el balón aterriza en los pies de Diego Cervantes, quien lava su error de palomita

consiguiendo el 3-2.

Dicen que para que la cuña apriete tiene que ser del mismo palo y, un minuto más tarde, *el Loco* Abreu, exjugador del América, de cabeza logra empatar a tres tantos en una mala salida del portero.

El encuentro está en un ida y vuelta. Minuto 68, llega un balón a Salvador Cabañas en los linderos del área. Se quita a su marcador dando media vuelta y de zurda la mete en la base del poste cruzando al portero. Un verdadero golazo.

Ambos equipos mantienen el ritmo, pero ya no caen más goles. El América se afianza en zona de clasificación con este 4-3 a River Plate, que jamás pensó en perder ante el América.

---

3 DE ABRIL DE 1994 — ¿RECTOR O FUTBOLISTA?

El fútbol mexicano sirve de juguete personal a un curioso futbolista frustrado: el rector de la Universidad Autónoma de Tamaulipas, licenciado Humberto Filizola, quien juega su único partido en Primera División en contra de las Águilas del América.

Filizola debuta a la edad de 44 años en el partido Correcaminos de la UAT en contra del América, en la fecha 38 de la temporada 1993-1994. El susodicho se aprovecha de su puesto, para 'pedirle' al entrenador Jesús Bracamontes que le cumpla su sueño. Es como una broma de mal gusto. Humberto sobresale pero no por su fútbol, sino por su torpeza dentro de la cancha y su edad, además de su lentitud. Lo más curioso es que cuando más se le critica, a punto está de anotar un tanto para su equipo.

Es el minuto 10, Martínez Sambulá desborda por la izquierda, se lleva a Paco Uribe y manda un centro que remata Filizola a poco menos de dos metros de la portería de Adrián Chávez. El balón sale ligeramente desviado. El entrenador saca de la cancha al rector al minuto 28 y queda la anécdota para la historia.

---

4 DE ABRIL DE 1978 — LA LIGA SE FUE AL CARAJO

El equipo es el líder del torneo, juega estupendamente bien y parece un reloj de precisión. Faltan cuatro fechas para que termine la Liga, el América está ya calificado a la Liguilla y era sin duda es claro favorito para llevarse el título.

Es entonces cuando, en una polémica decisión, la Federación Mexicana de Fútbol decide convocar a los jugadores que van al Mundial de Argentina. América y Pumas protestan porque, al dar la lista, son los equipos con más llamados, siendo el más dañado el conjunto Azulcrema con cinco seleccionados.

Nada le cuesta a la FMF esperar unas semanas, para que la Liga termine con planteles completos y los equipos no queden mermados. Toda protesta es inútil y el América tiene que jugar sin sus cinco titulares: Jesús *Palillo* Martínez, Cristóbal Ortega, Alfredo Tena, Antonio de la Torre y el portero Pedro Soto. El buen juego del equipo se viene abajo y son eliminados en cuartos de final por el Tampico. Prácticamente nos quitaron de la mano el título. Lo que más coraje da es que la selección mexicana terminará en último lugar en la Copa del Mundo, tres de los jugadores americanistas no son titulares y la liga se va irremediablemente al carajo.

5 DE ABRIL DE 1995 — LA MALDICIÓN DE LEO

Esta noche, en plena temporada de ensueño, llena de goles, grandes partidos y jugadas, con 45 puntos hasta ese momento, tras casi diez meses de éxito, la directiva del América toma la decisión del cese de Leo Beenhakker. Al día siguiente le avisan al holandés, por medio de un fax, que está fuera de la institución cuando el equipo se encuentra en la cima del torneo mexicano y con la calificación a la liguilla asegurada, con un aumento del 300 % en asistencia en el Estadio Azteca.

Las Águilas acaban de empatar ante Puebla en la Angelópolis, se encuentran en el superliderato, con 18 triunfos, varios de ellos espectaculares, nueve empates y tan solo cuatro derrotas en 31 partidos, con 78 goles a favor y 40 en contra, pero sobre todo con un fútbol espectacular que gusta de sobremanera a los aficionados.

A partir de aquí, el equipo entra en una racha negativa de falta de títulos y de buen fútbol que dura años. Muchos le llamarán la maldición de Leo. Hasta la fecha, nadie sabe a ciencia cierta el porqué del cese del holandés.

6 DE ABRIL DE 1993 — UN CARNICERO SALVADOREÑO

El jugador del América, Francisco *Paco* Uribe, es operado de la cara luego de que, dos días atrás, en un partido eliminatorio entre El Salvador y México, un carnicero salvadoreño —porque no se le puede llamar jugador— le regalara tremendo codazo al americanista, rompiéndole el arco cigomático, afectándole el ojo y el malar.

Es de tal gravedad la lesión que Uribe se queda fuera de la eliminatoria y del Mundial de 1994. Tarda casi un año en regresar a las canchas y jamás logra recuperar su nivel. Suplente en América, en 1997 marcha a Tigres en el ascenso y vuelve a resentirse de la lesión del pómulo, lo

que lo deja fuera otro par de meses.

Pasa por varios equipos más y se retira en el 2002 con Veracruz. Un futbolista que tenía mucho futuro en el fútbol, muy querido en el América y al que un desgraciado carnicero lo masacró.

---

7 DE ABRIL DE 1993 — EL FALSO POSITIVO DE MANOLO

Este día se da a conocer que el exjugador y canterano del América, *Manolo* Rodríguez, actual jugador del Pachuca, da positivo por consumo de una sustancia que es una variante de anfetamina y que sirve como estimulante. El dopaje es detectado en el partido jugado quince días atrás entre Santos y Pachuca.

Al jugador prácticamente se le crucifica desde un principio, se le suspende seis meses sin derecho a réplica, nadie atiende a sus llamados, ni su equipo, ni la FMF, la condena es inmediata y unánime.

Manolo, quien se encuentra posiblemente en los últimos años de su carrera, tiene que dejar finalmente el fútbol, ya que trascurrido el semestre de su castigo —que él siempre consideró injusto— ningún equipo le ofrece trabajo.

El futbolista, desesperado, toma un curso de plomería y durante mucho tiempo se dedica a arreglar baños para poder mantener dignamente a su familia. Manolo sigue negando el dopaje pero no le permiten una segunda prueba. Él alega un falso positivo. Nadie le hace caso. Tal es su desesperación que llega a pensar en el suicidio, pero el amor por su familia lo saca adelante.

Pasa mucho tiempo para su regreso al fútbol. En el América, su alma mater, se le ofrece trabajar con los jóvenes como un instructor de fútbol. Manolo jamás volvió a presentar un problema relacionado con el dopaje. No son pocos los que señalan que tal vez se equivocaron al juzgarlo.

Hoy en día, con la frente en alto, el profe no solo les enseña de fútbol a sus jóvenes alumnos, sino también de lecciones de vida.

---

8 DE ABRIL DE 2019 — HISTÓRICA REMONTADA

Unos días atrás, cuando el América perdió el partido de ida de semifinales de la Concacaf 3-0 ante el Herediano de Costa Rica, el comentarista André Marín, de la cadena Fox, comentó que: "Si al América se le comparara con un automóvil, en esos momentos era un Vochito por la forma en el que era conducido", haciendo alusión a que su entrenador Gustavo Matosas no podía arrancar un Ferrari Amarillo.

Sin embargo, el 8 de abril, el Ferrari arrancó y ya nadie lo pudo parar. Lo que parecía una misión imposible se convirtió en una fiesta en el Azteca. Apenas a los tres minutos, Darwin Quintero abre el marcador. A los 8 minutos, con un golazo de Darío Benedetto, ya están las cosas 2-0. El argentino toma la estafeta de héroe y ya no la suelta. A los 18, él mismo pone el marcador global empatado a tres y a los 25, con el tercero de la noche en su cuenta, le da la vuelta.

El América se dedica a dar un recital y el director de la orquesta es Darío, quien marca su cuarto gol en su cuenta personal al minuto 32, para el quinto de las Águilas. Ya de ahí en adelante todo es una fiesta, el *Cielito lindo* se escucha en las gradas. En el segundo tiempo se juega con el resultado en la mano; el América anota el sexto, obra de Alejandro Díaz.

El marcador final es de 6-0, 6-3 en el global. El América está ya en la final de la Concacaf y, esta noche, el Ferrari amarillo alcanza la máxima velocidad.

9 DE ABRIL DE 1985 — LA PRIMERA VEZ

Nunca en la historia un partido eliminatorio del Torneo de Campeones y Subcampeones de la Concacaf, entre equipos mexicanos, se ha disputado fuera del país. Esta noche es la ocasión. El América, como local, da cuenta del Guadalajara 3-1 en el estadio del Coliseo de los Ángeles.

Esto se hizo para llevar fútbol a toda la comunidad de mexicanos que siguen a ambos conjuntos en los Estados Unidos y, obviamente, para recaudar una gran cantidad de dólares, muy superior a la planeada si se hubiera jugado en el Estadio Azteca.

El primer gol de las Águilas ocurre al minuto 13, obra de Carlos Hermosillo, que de cabeza vence al joven arquero Stéfano Rodríguez.

Cinco minutos más tarde, también de cabeza, Eduardo Bacas pone el marcador 2-0 a favor del América. Tras el gol, las Chivas se van con todo al ataque y Héctor Miguel Zelada se convierte en el héroe del encuentro al salvar, por lo menos, tres que ya se cantaban como gol.

Cuando más llega el Guadalajara, Brailovsky aprovecha para robar un balón, mandar en profundidad a Hermosillo para que, ante la mala salida del portero y con un toque a las redes, logre el 3-0.

Es hasta el minuto 89 en el que el Rebaño consigue el de la honra, con un disparo potente de Fernando Quirarte.

La afición americanista que se hace presente en el estadio angelino festeja como hace mucho no lo hacía. A los seguidores del Guadalajara les queda el consuelo de ver en vivo a su equipo.

10 DE ABRIL DE 2019 — UN SIX COPERO

Hace 45 años que el América conquistó su último torneo de Copa y, aun así, está empatado junto con León y Puebla como el máximo ganador con cinco. Esta noche las Águilas buscan romper la jettatura y lograr el título para ponerse a la cabeza en solitario con seis Copas.

Un solitario gol anotado por Emmanuel Aguilera le da al América la Copa 2019, al imponerse 0-1 a Bravos de Ciudad Juárez en el estadio de los fronterizos.

El partido es complicado, porque se juega con ráfagas de viento de poco más de 80 kilómetros por hora, lo que dificulta los despejes del América en el primer tiempo.

Ante esto lucha el equipo, por lo que trata de mantener alejado el balón de su zona. Así están las cosas cuando, al minuto 37, Henry Martin aprovecha un descuido y busca un balón que parece perdido y se mete al área enemiga, en donde es fauleado.

Aguilera cobra de gran manera y pone el 1-0 definitivo. Los Bravos no pueden hacer ya nada en la segunda mitad y menos con los vientos en contra. Con esto, el América se queda con su sexto título copero y Henry Martin, con cinco anotaciones, se lleva el campeonato de goleo del torneo copero.

10 DE ABRIL 2020 — INICIA LA ELIGA MX

Ante la pandemia del coronavirus y la falta de fútbol en el mundo, la Liga MX dio inicio a una liga virtual con los jugadores de cada equipo de la Primera División. Este día, el América juega la primera fecha de la llamada eLiga MX enfrentando al equipo del Puebla. Por las Águilas el representante jugador es Darío Benedetto y por Puebla Santiago Ormeño.

El anuncio de la eLiga se dio con el siguiente comunicado:

"Siempre pensando en la innovación, en la satisfacción del aficionado, este viernes dará comienzo la eLiga MX por BBVA, un formato virtual, una réplica del Torneo Clausura 2020, pero que se llevará a cabo desde de los hogares de los protagonistas de cada equipo del balompié nacional. Es un proyecto único en el mundo.

Los jugadores de la Liga BBVA MX disputarán los partidos a través de PlayStation con el FIFA 20, con la intención de seguir disfrutando de lo que más nos gusta, tanto para clubes, jugadores y aficionados.

Este es un torneo espejo de la Liga BBVA MX, es decir, va a correr una Fase Regular de 17 Jornadas y tendrá su Fase Final. Al igual que la máxima competencia de nuestro país, se contará con una tabla de clasificación general para definir las posiciones de cada club. Al final habrá ocho clasificados, tomando en cuenta que el criterio de desempate es el tema de goles a favor y en contra.

El torneo comenzará este 10 de abril y se disputarán dos jornadas por semana.

El objetivo es contar con constante interacción. Para ello habrá transmisiones en vivo de los encuentros de la eLiga MX por televisión.

Los tiempos durarán 6 minutos con un descanso de 2,38 minutos entre cada parte y jugarán 1 vs. 1. Uno de los principales valores de este torneo es la promoción del resguardo en casa: #TuCasaTuCancha. Cada 'gamer' disputará su encuentro desde su casa para cumplir con las recomendaciones de quedarse en casa.

Cada partido contará con los siguientes factores: Ambos 'gamers' tendrán interacción una vez que inicien los juegos; cada partido contará con un comentarista, así como cada encuentro durará una hora, englobando toda la cobertura previa y post. Al final de este habrá impresiones de los protagonistas detrás de la consola.

En esta modalidad de competencia, EA Sports busca priorizar el tema del resguardo en casa, ante el brote del COVID-19, acercando la competencia de la Liga BBVA MX de manera virtual. Se trata, además, de un formato único en el mundo, de un proyecto que reunirá elementos cercanos a los que acontecen semana a semana en nuestro balompié, en cada terreno de juego.

Por supuesto, agradecemos a todos los clubes y jugadores por su disposición para desarrollar este torneo, que, sin duda, va a destacar a nuestra liga en el mundo virtual.

El seguimiento de cada partido, resultados, contenidos especiales, así como información adicional del torneo, podrán seguirlo a través de la página oficial de la eLiga BBVA MX: http://e.ligamx.net/
#TuCasaTuCancha"

---

11 DE ABRIL DE 1974 – RAFAEL SEPTIÉN

El jugador chileno Oswaldo Castro, *Pata Bendita*, quien la estaba rompiendo en el fútbol mexicano, es buscado este día por un cazatalentos del equipo Dallas de la NFL debido a su disparo impresionante. Oswaldo era el pateador que les hacía falta.

Pata Bendita agradeció la oportunidad que le brindaban, pero declinó la oferta y recomendó a un joven elemento con el que a veces practicaba y quien tenía un tiro muy potente, hijo además de Carlos Septién, un exfutbolista seleccionado nacional. El muchacho en cuestión es Rafael Septién, quien tiene dos años tratando de lograr un lugar en el equipo, pero sus condiciones futbolísticas son limitadas, aunque es un extraordinario pateador.

El cazatalentos agradece, pero en ese momento no hay nada, aunque Septién se queda con el gusanito de probarse en este deporte y marcha a Luisiana en donde participa con el equipo universitario con éxito y es adquirido en el draft de 1977 por los Santos de Nuevo Orleans, y es cambiado por otro elemento a Los Ángeles Rams y, tras un año en el conjunto angelino, Dallas se interesa por él y lo adquiere, jugando ahí de 1978 a 1986. Durante el tiempo que jugó con los Vaqueros, fue el líder anotador del equipo.

Rafael Septién cambió su sueño de ser futbolista a pateador de la NFL y todo comenzó aquel día que el Pata Bendita dijo: "No, gracias".

---

12 DE ABRIL DE 2000 — GOLEADA HISTÓRICA

El América ha tenido grandes encuentros en Copa Libertadores, pero, sin lugar a duda, uno que no se olvida por los seguidores es el que se concretó el día de hoy, en el que se dio la máxima goleada de un equipo mexicano a un sudamericano en un torneo oficial. Las Águilas vencen en el estadio Azteca 8-2 al Olimpia de Paraguay.

En esta edición, el América enfrenta al Corinthians, Liga de Quito y Olimpia. Las Águilas estaban urgidas del triunfo para mantenerse con vida y lo lograron, con un marcador contundente que demostró la supremacía del conjunto mexicano.

Apenas comienza el encuentro cuando Carlos Hermosillo logra el primer tanto aprovechando la mala salida del portero. Olimpia busca el empate y lo consigue en pocos minutos. El segundo gol es una genialidad de Cuauhtémoc Blanco, quien remata de cabeza, girando esta de forma increíble, aprovechando el tiro libre cobrado por Pável Pardo y dejando parado al guardameta. Carlos Hermosillo aprovecha otro error defensivo y coloca el 3-1. Olimpia lavaría su error y se acerca 3-2, para así finalizar el primer tiempo.

En la segunda mitad, el partido es totalmente americanista. Las llegadas se dan una tras otra y, al minuto 60, Pável Pardo, con un remate lejano tras una triangulación, pone el cuarto. Casi de inmediato, Cuauhtémoc logra el quinto de la noche tras un rebote del portero, que intenta despejar, dejando a la defensa parada, sin poder hacer nada. Blanco empuja por entre las piernas del cancerbero.

El equipo comandado por Alfredo Tena sigue llegando ante un Olimpia completamente entregado. Al minuto 71 un tiro de media distancia de José Luis Calderón pone el 6-2. Y faltaba más.

José Luis Salgado, al minuto 75, clava el séptimo luego de un rechace del portero tras un tiro de esquina. Falta uno y de quién sino Cuauhtémoc Blanco, el gran ídolo americanista. Una triangulación fallida, el balón cae a los pies de Blanco quien, sin pensarlo dos veces, anota el 8-2 definitivo para concretar una goleada de escándalo en la Copa Libertadores.

13 DE ABRIL DE 2020 — #QUEDÉMONOS EN CASA

El Club América fue el primero equipo en México en lanzar una serie de pequeños videos pidiendo a la afición, a través de las redes sociales, que se queden en casa. Este día se anunció que hay más de 4660 contagiados y 296 decesos en todo el país por covid-19, por lo que se gestó esta campaña que después tomaría la propia FMF y otros equipos.

En el video aparecen los jugadores del primer equipo, las futbolistas de la Primera División, los juveniles, los niños de la Escuela del América, la mascota, el Estadio Azteca, las porras y el Piojo Herrera, entrenador del equipo:

"La noche anterior a cualquier partido, los jugadores nos concentramos. Ahí, en el interior de un hotel, nos encerramos largas horas para pensar en el siguiente rival. Nada de salidas, nada de visitas. Y cuando estamos en liguilla o pretemporada, es 1, 2 o 3 semanas así.

Sí, estar en la concentración puede ser tedioso, pero lo hacemos porque es necesario, porque sabemos que así vamos a estar al 100 % para el próximo partido. Hoy nos toca estar en la concentración a todos. A los de la cáscara, a los que van al estadio, a los de los infantiles, a todos.

A concentrarse en la casa con los tuyos. No hay de otra, porque el partido que viene será complicado. ¡Dale, que las concentraciones duran unos días, pero los resultados se quedan para siempre! ¡Quédate en casa! ¡Y juntos vamos a ganar! Hoy, más que nunca, tú eres el jugador más importante". #Quedémonos en casa.

14 DE ABRIL DE 1978 — LA COPA INTERAMERICANA

A lo largo de la historia del fútbol mexicano se han tenido varias participaciones de clubes nacionales en contra de equipos centro y sudamericanos, europeos y asiáticos, pero nunca se había obtenido un triunfo tan importante para nuestro fútbol a nivel de equipos como cuando el América ganó para nuestro país la Copa Interamericana el 14 de abril de 1978.

Este día, se escribe como una de las páginas gloriosas del fútbol nacional cuando, jugando ante el Boca Juniors, considerado el mejor cuadro de América, el equipo mexicano logra la Copa Interamericana.

La historia constó de tres partidos, el primero en La Bombonera, cancha de Boca, en donde los argentinos ganaron con facilidad 3-0. El segundo encuentro terminó 1-0 a favor del equipo mexicano, jugando en el Azteca. Como no se contemplaba el marcador global, se necesitó de un tercer partido el 14 de abril.

Es vienes, el día fue soleado y la noche fresca. Ya no hay un mañana. Hoy habrá campeón.

Los argentinos comienzan ganando con gol de Pavón al minuto 6. El América se va al frente con más deseos que orden y al minuto 34 José de Jesús Aceves empata el marcador.

A partir de aquí, se desata la guerra. Los golpes no se hacen esperar. El entrenador argentino Juan Carlos Lorenzo, un hombre orgulloso que no puede aceptar el mejor desempeño del club mexicano, grita exaltado a sus defensas: "Matad al petiso"; refiriéndose a Carlos Reinoso, que trae asolada a la zaga del Boca, escapando una y otra vez hacia la portería argentina.

Al finalizar el encuentro, se juegan dos agónicos tiempos extras de 15 minutos cada uno. No hay un mañana, no hay penales, al término de esos treinta minutos tendremos nuevo campeón. En caso de empate, el equipo con más goles en el global se queda con el título y ese es el Boca Juniors.

Casi sobre el final del segundo tiempo extra, Carlos Reinoso da muestra de una de sus genialidades. Cobra una falta cometida a Hugo Enrique Kiese, a unos diez metros fuera del área grande, tira con un chanfle endemoniado de tal magnitud que el portero Gatti se queda atorado, atornillado en su zona. El balón se anida en el fondo de su meta. Un excelente gol para un grandioso triunfo.

El América es dignamente un gran campeón que obtiene para la sala de trofeos del fútbol mexicano por vez primera una copa interamericana.

---

15 DE ABRIL DE 1917 — PENSANDO EN PRIMERA

El equipo América de Segunda Fuerza es invitado para jugar contra el equipo España de su categoría, con motivo del quinto aniversario de la fundación del conjunto hispano. El partido se da como juego preliminar entre el España A contra el España B.

El América gana con facilidad el encuentro y da muestra de un fútbol diferente y ante los elogios de parte de los mismos rivales, ese día se toma la decisión de buscar la inscripción del equipo a la Liga Mexicana de Football Asociación para participar en la división de honor, lo cual finalmente conseguiría.

16 DE ABRIL DE 1972 — SE NOS DETUVO EL CORAZÓN

Se juega el gran Clásico de Clásicos entre el América y el Guadalajara. Momentos antes de que comience el encuentro, el gran ídolo Enrique Borja siente dolores en el pecho. Quiere jugar este partido y no le dice a nadie.

Durante el primer tiempo tiene una sensación de sofoco, está jugando muy mal y el entrenador sabe que algo pasa. Termina la primera mitad y José Antonio Roca, junto con el doctor, se acerca a Enrique para preguntarle qué le sucede. Borja tiene que confesarles lo de los dolores en el pecho y la falta de aire.

Roca decide retirarlo y pide que llamen una ambulancia. Borja lo detiene en seco, dice que, si algo le pasa, prefiere morir jugando que, en una ambulancia, él asume todos los riesgos y la consecuencia que esto pueda tener. No sabe cómo, pero convence al entrenador de dejarlo salir a continuar el partido. Le dice que ya está mejor y le promete que ante cualquier dolor, pedirá su cambio.

Enrique sale inspirado, se siente mejor y logra inclusive anotar un gol para colaborar con el 2-0 ante el odiado rival. Mientras tanto, corrió el rumor como pólvora de que Borja se había sentido mal. En la televisión se informa que el ídolo mexicano tuvo dolores a la altura del pecho. Cuando termina el partido, salen los jugadores de la cancha y un helicóptero aterriza en ella ante la sorpresa de todos.

Se trata del helicóptero del dueño de Televisa, del América y del estadio, Emilio Azcárraga Milmo, que, enterado de lo que ocurre, mandó su nave para que sin pérdida de tiempo trasladen al jugador a un hospital. Miles de aficionados alarmados esperan los resultados.

Una vez realizados los estudios, le dicen que tuvo una fuerte descompensación de potasio, pero que esto pudo ocasionarle, por el esfuerzo, un paro cardíaco. Todo terminó en susto, pero a punto estuvo de ser una tragedia.

17 DE ABRIL DE 1977 — CORNERO-ESTUPIÑÁN

Hacía tiempo que el defensa del América, Miguel Ángel Cornero, tenía un pleito casado con el delantero del Toluca, Ítalo Estupiñán. El ecuatoriano aseguraba que el argentino era demasiado cochino para ser un jugador de fútbol, que su forma de defender era tirando patadas y codazos a diestra y siniestra. Y Cornero le contestaba que en la menor oportunidad lo iba a lesionar, para que supiera cuál era su forma de marcar.

Este día se enfrentan Toluca y América en la Bombonera toluqueña y durante el encuentro hay varias entradas fuertes de parte del Azulcrema hacia el delantero diablo. Ambos se hacen de palabras, pero les toca estar nuevamente uno frente al otro, buscando uno defender y el otro anotar. Finalmente, estos encuentros tuvieron consecuencia al minuto 26 de la segunda mitad cuando Cornero hundió su codo en el rostro de Estupiñán, quien se llevó de inmediato las manos a la cara. El ecuatoriano sufrió doble fractura en el maxilar.

Miguel Ángel Cornero fue expulsado. El pronóstico de recuperación de Ítalo fue de ocho semanas cuando menos. Cuando la FMF anunció apenas un leve castigo al agresor —tres partidos según reglamento— la directiva del Toluca amenazó con retirar al equipo de la competencia si no había una sanción drástica de acuerdo con lo sucedido.

Para calmar los ánimos, la directiva del América asumió los mismos ocho partidos de castigo para Cornero, una fuerte multa interna y correr con todos los gastos médicos de Estupiñán.

Cornero no se sintió apoyado por su directiva y poco tiempo después, aún teniendo contrato, decidió abandonar el nido. El América, en represalia, decidió contratar a Estupiñán.

---

18 DE ABRIL DE 1974 — PATA BENDITA

Durante tres temporadas seguidas, el América logró el campeonato de goleo en los botines de Enrique Borja. Lesionado en gran parte de la temporada 1973-1974, parecía que se perdería esta jettatura, sin embargo, un chileno, con dos años en el equipo, quien estuvo siete meses fuera por una fractura en su pata mala (la derecha), logró lo impensado, el cuarto título de goleo individual para el conjunto Azulcrema.

Osvaldo Castro, mejor conocido como Pata Bendita, llegó precedido de su fama de goleador con 136 goles en cinco años en Chile. En el América, en su primer año, anotó 9, en el segundo apenas 6, por lo que nadie se esperaba que se destapara con 26 tantos en la temporada 1973-1974.

Dotado de un cañón en su pierna izquierda y de un gran olfato goleador, este día, selló el título con dos anotaciones conseguidas ante el Atlético Español. Al final de la temporada, su premio y muy merecido, fue la convocatoria para representar a su natal Chile en la Copa del Mundo de 1974.

---

19 DE ABRIL DE 2006 — RUMBO AL MUNDIAL DE CLUBES

El equipo que gane el día de hoy asegura su boleto al Mundial de Clubes a jugarse en diciembre. El América va por su quinto campeonato de la Concacaf, mientras que el Toluca busca su tercero.

Un partido muy cerrado en donde en los primeros 90 minutos ninguno se hace daño. Es en el tiempo extra en donde las emociones comienzan. Es el Toluca quien anota primero, obra de Julio César Da Silva de cabeza, tras un tiro de esquina, lo que hace suponer que el conjunto diablo se alzará con el triunfo.

Al América nunca se le debe dar por perdido. Eso es un hecho. Casi al finalizar el primer tiempo extra, el brasileño Kleber logra el empate tras un fuerte disparo del Chaco Giménez. Kleber la toca en el trayecto y la anida.

Llega el segundo tiempo. Hay un conato de bronca, luego de una fuerte falta al Chaco Giménez, que termina con una expulsión por cada bando. Viene entonces una enorme salvada del portero Navarrete, quien evita el gol toluqueño. Una jugada personal de Claudio *Piojo* López dentro del área se pierde en el último toque. Finalmente, un remate de Duilio Davino, cayéndose, termina en el gol que le da al América el título y, con esto, el boleto al Mundial de Clubes a disputarse en Japón.

Para festejar, los jugadores del América se ponen una playera que dice: ¡Ódiame más! En japonés.

---

20 DE ABRIL DE 1939 — A LA GUERRA Y SIN FUSIL

Mario Carmona nació americanista. Su padre lo era y él desde la cuna también. Debutó contra la selección Vasca y meses después tuvo que dejar al equipo de sus amores por un pleito con el entrenador.

Viaja a Nueva York por turismo y están reclutando jóvenes para el ejército norteamericano y este día, 20 de abril, dolido por tener que dejar el fútbol, decide enlistarse. No se imaginaba que le tocaría pelear por ese país en la II Guerra Mundial. Estuvo en Japón por cinco años. Ahí se encontró con un argentino y formaron dos equipos de fútbol, el de Mario se llamaba América.

Regresó en 1945 a México y lo primero que hizo, antes de ir a ver a su familia inclusive, fue reportarse con el conjunto Azulcrema, intentando regresar a la Primera División. Por la edad y por otras condiciones ya no pudo hacerlo, pero comenzó a apoyar desde las tribunas y en algún momento también fue directivo del club.

---

21 DE ABRIL DE 1964 — LOS CINCO DEL PESCADO

Se enfrentan en la final de Copa el América y el Monterrey. En el primer tiempo los rayados se van al frente con anotación de Vargas y en el

segundo periodo el América logra el empate obra de Pepín González, por lo que el partido se va a tiempos extra.

Los equipos no se hacen mayor daño y, tras 120 minutos, todo se decide en penales. En aquellos años se acostumbra que el mismo jugador realice la tanda de tres tiros. Por el Monterrey es elegido Chávez, quien falla el primero y anota los dos siguientes. Por el América, el Pescado Portugal, capitán de los Azulcremas, falla el segundo.

Se decreta una segunda serie, Chávez falla otra vez, pero Portugal acierta sus tres disparos, dándole el campeonato de Copa al América. El marcador final es de 6-5 y el héroe del encuentro es Alfonso Portugal

21 DE ABRIL DE 1996 — LA FALLA DE KALUSHA

En la temporada 1994-1995 arribó a nuestro país uno de los mejores jugadores africanos de todos los tiempos y el mejor futbolista que ha surgido en Zambia: Kalusha Bwalya.

Kalu pisó con el pie derecho en el fútbol mexicano. Su forma alegre de juego, su carrera interminable, los pases precisos y sus grandes disparos a la portería se hicieron célebres, así como su forma de festejar los goles del equipo bailando la Macarena con Joaquín del Olmo. Sin embargo, nadie olvida su falla garrafal este día 21 de abril, cuando solo frente a la portería del Cruz Azul, en partido de cuartos de final, falló de manera increíble.

Todo comenzó en un tiro de esquina a favor de Cruz Azul al minuto 45 del segundo tiempo. Víctor Ruiz manda el centro hacia donde se encuentra Norberto Scoponi, portero Azul que se fue a rematar. Un jugador de las Águilas despeja y justo afuera del área toma el balón Kalusha, quien a toda velocidad se escapa hasta el otro lado del campo. Se quita en el camino a un rival y se va completamente solo, aprovechando su larga zancada.

En la narración por televisión se escucha al comentarista de Televisa, Enrique *el Perro Bermúdez*, quien grita:

"¡Kalusha solo! ¡Kalusha solo! ¡No hay arquero! ¡No hay arquero! ¡Suya, suya, suya! ... ¡La falló!".

El América calificó a semifinales, pero todo el mundo se acuerda de ese partido por la falla. Una jugada que quedó para la historia.

22 DE ABRIL DE 1988 — COPA CONFRATERNIDAD

El día de hoy se le anuncia al Club América que ha sido suspendido un año de toda competencia organizada por la Concacaf y/o la Conmebol por el hecho de jugar un día a tras la inexistente Copa Confraternidad ante el Peñarol de Uruguay.

Todo comenzó días atrás cuando las confederaciones de Sudamérica, del norte y Centroamérica decidieron desaparecer la Copa Interamericana que se jugaba cada año entre el campeón de la Copa Libertadores y el Campeón de la Copa de la Concacaf, debido a un promotor que no quiso ceder a los presidentes de las federaciones, Joaquín Soria Terrazas y Nicolás Leoz, una parte de sus ganancias.

Como resultado, el promotor le cambió el nombre a Copa Confraternidad y ambos equipos, Peñarol y América, la jugaron, con resultado de empate a dos goles y triunfo del América en penales. Las Confederaciones habían advertido a sus respectivos afiliados que no debían jugar y estos lo hicieron; como resultado, se dio este duro castigo, que le costó al América no poder disputar la Copa de Campeones de la Concacaf de 1989 a la que tenía derecho por ser campeón de liga de la temporada 1987-1988.

23 DE ABRIL DE 1978 — EL HÉROE OLVIDADO

El América regresa en camión de su viaje a León, en donde logró empatar a un tanto con el conjunto esmeralda gracias a Paco Castrejón, portero del América, que evitó cuando menos tres goles.

Están cerca de Querétaro, camino a la ciudad de México, cuando se poncha una llanta. El chofer reanuda la marcha a baja velocidad, buscando una vulcanizadora. Una vez localizada —la única abierta un domingo por la tarde— entre el mediocampista Narciso Ramírez y Gonzalo Rivera, el masajista del equipo, quitan la llanta. Algunos de los jugadores aprovechan para estirar las piernas, descansar en la acera o ir a tomar un refresco.

Una vez que se concluye con las labores, el director técnico Raúl Cárdenas llama a todos a abordar el autobús. El camión parte y Trujillo comenta con Estupiñán las grandes atajadas de Castrejón, cuando de pronto se da cuenta de algo ¡Paco no viene en el autobús!

El camión busca una vuelta para regresar por el guardameta justo cuando un automóvil les da alcance. Un turista se apiada de *Paco* Castrejón y le da el famoso 'aventón' para alcanzar el autobús.

Una vez arriba del mismo tiene que soportar la fila india entre patadas y pamba de sus compañeros, quienes, muertos de risa, escuchan la historia: Paco, aprovechando que cambiarían la llanta, buscó un baño en una lonchería del lugar, cuando salió 'libre de toda culpa' se dio cuenta de que lo habían dejado.

¡Así es, el portero, héroe de aquella tarde, había sido olvidado!

24 DE ABRIL DE 1988 — DOBLE *HAT-TRICK* AL ESTILO BRASILEÑO

Aprovechando la docilidad de los Tigres, que mostraron muy poco fútbol este día sobre la grama del Estadio Azteca, el América logró anotarle seis goles al conjunto norteño.

Si ya de por sí lo abultado del marcador es sobresaliente, lo es aún más que los seis tantos fueron logrados por dos jugadores, Antonio Carlos Santos y Luis Roberto Alves, *Zague*, quienes anotaron un *hat-trick* cada uno. Además, para rematar, se da una curiosidad: Santos es brasileño naturalizado mexicano y Zague es mexicano hijo de brasileños, por lo que fueron seis tantos al estilo brasileño.

25 DE ABRIL DE 1971 — EL DEBUT DE BARBERENA

Este día se dio el debut de un gran defensa americanista, considerado un caballero dentro de la cancha, que llegaría a jugar 146 partidos con la camiseta Azulcrema y que jamás sufrió una expulsión aun cuando sabía meter fuerte la pierna.

El debut se dio de la siguiente manera:

Luego de un partido en el que ocurrió una bronca fenomenal, el defensa titular Antonio Zamora fue expulsado, el suplente Haneine iniciaría ante Zacatepec, pero se lesionó y esto contribuyó para el debut fortuito de Luis Miguel, quien actuaba en las reservas y que ese día se quedó para ver el partido de los titulares. No había quien ingresara en esa posición y el entrenador José Antonio Roca pidió permiso para debutarlo, porque ni si quiera estaba en la lista de suplentes. El árbitro autorizó y Barberena no solo debutó, sino que ya no soltó el puesto.

Campeón esa misma temporada con el América y en 1975-1976, también fue campeón de Copa en la temporada 1973-1974. Luis Miguel Barberena es de esos elementos cumplidores que dejaron una huella dentro y fuera del terreno de juego.

26 DE ABRIL DE 2009 — AH1N1

México vive días de incertidumbre debido a una pandemia del virus AH1N1, a tal grado que los equipos sudamericanos no quieren jugar en contra de escuadras mexicanas en nuestro territorio y la Federación Mexicana de Fútbol decide retirar a sus conjuntos.

A nivel local, el América se ve afectado, ya que este día juega en la ciudad de México en contra de los Tecos de la UAG y de última hora se le informa que tiene que hacerlo a puerta cerrada cuando ya están vendidos los boletos, además de que en el estadio se encuentran los vendedores con todos los alimentos de la vendimia.

Los espectadores tienen que ver el partido por televisión y los aficionados que ya compraron sus boletos, incluyendo cerca de ochenta personas que viajaron en dos autobuses desde Guadalajara, tienen que lidiar con los trámites para la devolución de su dinero.

Aquel día, el América no solo perdió en la taquilla sino en la cancha 1-2. Todo por un terrible virus.

27 DE ABRIL DE 2016 — EL ÚNICO DE AMBRIZ

Como jugador, Ignacio Ambriz fue un gran mediocampista mexicano, seleccionado nacional y mundialista en Estados Unidos 1994. Asistente de Javier Aguirre en el Osasuna y en el Atlético de Madrid, llegó a la dirección técnica del América en mayo del 2015 y no le fue nada bien. En la Liga no logró ningún campeonato y a la afición no le gustaba el estilo de dirigir de Ambriz. El único título que consiguió con las Águilas se dio en esta fecha, la Copa de Campeones de Concacaf.

El rival es el Tigres y con goles de Michel Arroyo y de Osvaldo Martínez el América logra el triunfo (global de 4-1), conquistando su séptima corona en la Concacaf.

28 DE ABRIL DE 2017 — LA ERA PELÁEZ

En forma por demás extraña, este día se anuncia que Ricardo Peláez queda fuera como presidente del Club América. Su gestión fue increíble, por lo que resulta todo un misterio su despido.

En noviembre del 2011 el exjugador del América asumió la presidencia deportiva y durante el tiempo que estuvo a cargo conquistó dos torneos de Liga, el Clausura 2013 y el Apertura 2014, la Liga de Campeones de la Concacaf del 2015 y la del 2016, además de su pase al Mundial de Clubes.

Peláez comentó en un programa de televisión que, al finalizar el torneo, quería descansar un tiempo para regresar con más fuerza al América, sin embargo, sus palabras fueron mal interpretadas por el dueño y, al parecer, fue por esto que le dio las gracias aquel 28 de abril, dejando al equipo sin cabeza.

29 DE ABRIL DE 1971 — UNA BRONCA TERRIBLE

El día de hoy se enfrentan el América y el Atlante, dos añejos equi-

pos del fútbol mexicano que generalmente causan polémica cuando llegan a encontrase y esta no fue la excepción.

El América juega mejor y al minuto 22 Perico González, defensor azulgrana, es expulsado por el árbitro Arturo Yamasaki tras una fuerte entrada por detrás a Carlos Reinoso. Molesto, Rafael Puente, portero atlantista, le reclama al nazareno y también es expulsado.

El partido sigue jugándose de manera tensa y al minuto 69, tras la anotación de Enrique Borja, Cisneros arroja el balón en forma grosera y también es expulsado. Ahí se encendió la mecha.

Tetos Cisneros va en busca del *Pichojos* Pérez, quien se burla del atlantista, e intenta asestarle una patada, este la esquiva, pero por detrás llega Ignacio Basaguren y de forma artera patea al defensor Azulcrema.

El guardameta Prudencio *Pajarito* Cortés llega en auxilio de su compañero y golpea a Basaguren. *El Tarzán* Palacios, que estaba en los vestidores, entra al campo y también se le va encima al atlantista y, en unos minutos, la bronca se generaliza.

El árbitro pone al final orden, expulsa a los rijosos y se suspende el partido porque Atlante se queda nada más con seis hombres.

---

29 DE ABRIL DE 2015 — VOLTERETA Y CAMPEONATO

Parecía que todo estaba en contra. El América en casa no pudo más que conseguir un empate y este día se enfrenta en la final de vuelta al Impact de Montreal de la MLS por el título de la Concacaf.

El partido comienza y el conjunto local, con un enorme gol, se va al frente apenas al minuto 7, poniendo una pesada loza en las espaldas de las Águilas que, a base de enjundia y buen fútbol, lograrían en la segunda mitad el milagro.

Los minutos pasaban y los aficionados americanistas que viajaron con el equipo, nerviosos en la tribuna, sentían que el campeonato se escapaba, pero el América no se da por vencido.

Menos de cinco minutos han pasado de la segunda mitad cuando Darío Benedetto, que atraviesa gran momento futbolístico, logra una impresionante media tijera para empatar el marcador.

Siguen las insistentes llegadas del América, pero no es hasta el minuto 63 que logra el segundo con cabezazo de Oribe Peralta. Dos minutos más tarde, se le vino la noche al Impact con el tercer gol de las Águilas y el segundo en la cuenta personal de Benedetto, quien también anotaría el cuarto y definitivo al minuto 80 para que el América comenzara a celebrar el título.

A dos minutos de que el encuentro termine, el conjunto local anota para no irse con las manos tan vacías. El América, dirigido por Matosas, logra el Campeón de Campeones de la Concacaf y su pase al Mundial de Clubes.

30 DE ABRIL DE 1958 — ZELADA

En México, el 30 de abril se celebra el día del niño, pero los americanistas también lo tenemos marcado en el calendario como el nacimiento de uno de los grandes ídolos, el de Héctor Miguel Zelada.

El rosarino llegó al América en la temporada 1979-1980, a los 24 años, y sus números lo enmarcaron como el mejor guardameta de la liga durante muchos años.

Zelada jugó 9 años con las Águilas y revolucionó la portería americanista. Con él hubo un antes y un después. Sus salidas suicidas, sus lances felinos y su liderazgo lo hicieron algo único. Un auténtico portento que se caracterizaba por sus atajadas, incluyendo aquella en la final de la temporada 1983-1984 donde le detuvo un tiro penal al Eduardo Cisneros, contribuyendo con esto al campeonato y a conseguir un lugar en la historia.

"Ahí me lancé, ahí lo intuí. Esa atajada significó un momento impresionante para todo el equipo, para la afición, para todos, porque en ese momento nos inyectamos de confianza, de gritos, de una fuerza tremenda para salir como fieras al segundo tiempo sin importarnos si teníamos 10 hombres".

Con el América, Héctor Miguel conquistó tres campeonatos de Liga, 1983-1984, 1984-1985 y Prode 1985. Distinguido como el mejor portero de México durante cuatro años consecutivos, mundialista en México 1986 con la selección de Argentina.

Héctor Miguel Zelada, el famoso Cabezón, un ícono viviente del americanismo.

MAYO

---

1 DE MAYO DE 1999 — SE NOS VA EL CAPITÁN

Se juega la jornada 16 de la Liga, Torneo de Verano 1999, el América se enfrenta en el estadio Jalisco al Atlas en un partido de vida o muerte para acceder a la liguilla. Las Águilas inician muy bien, tienen claro dominio del partido, van ganando 2-1, con un sensacional partido de Alberto García Aspe, el capitán de la selección mexicana y del América. Aspe grita, manda, acomoda dentro de la cancha.

Extrañamente, Carlos Kiese, director técnico de las Águilas, decide sacarlo al minuto 62 para poner a un exjugador de Chivas que no era muy querido en el grupo, Gustavo *el Gusano* Nápoles.

García Aspe y Kiese se hacen de palabras y máxime que, tras el cambio, el Atlas empata. Kiese molesto le toma el rostro al jugador mientras que parece que lo cachetea. A los pocos minutos, cae el gol del triunfo del equipo Atlas, dándole la vuelta al marcador 3-2 en favor de los Zorros. La molestia en contra del entrenador se nota en el rostro de varios de los jugadores, quienes sienten que su capitán hace falta en la cancha.

El América califica, pero García Aspe es marginado de la alineación por el entrenador. Le afecta al equipo y queda fuera en cuartos de final. El jugador mundialista declara que, si se queda Kiese, él se va. La directiva prefiere al entrenador paraguayo que al internacional mexicano, porque este "Ya está viejo".

A la postre, el guaraní abandona el nido meses más tarde y por la puerta de atrás, con un América que no juega nada bien. El Capi es campeón en la Copa Confederaciones 1999 con el Tricolor, tercer lugar en la Copa América de 1999, subcampeón de la Copa América 1999, Mundialista en Corea y Japón 2002 y disputa con el Puebla 97 partidos, anotando 29 goles. Y eso que ya está viejo.

2 DE MAYO DE 1976 — EL GOL 500

El América se enfrenta este día a los Toros del Atlético Español. De ganar, se dará la histórica cifra de 500 partidos en la Liga, algo que ningún otro equipo ha conseguido.

Los Azulcremas salen a buscar la victoria desde un principio, pero los bureles no se la ponen fácil. El primer tiempo termina sin goles.

La segunda parte es la más emocionante. Apenas comienza y el América toma ventaja con un gol de Cristóbal Ortega, quien casi de rodillas logra cabecear el centro del *Popeye* Trujillo para poner el marcador 1-0.

Al minuto 10, el Atlético consigue la igualada con gol de Benito Pardo. A los 20 nos ponemos de nueva cuenta al frente con un disparo fuerte y raso de Hugo Enrique Kiese.

Es entonces cuando el cuadro burel decide irse con todo al frente para evitar el triunfo histórico. A los 30 minutos el *Cora* Isiordia logra el empate a dos tantos. Y parece que se salen con la suya.

Ya sobre el tiempo de compensación, Alcindo Marta Da Freitas aprovecha el error del guardameta Julio Aguilar, del Atlético Español, y clava el tercer tanto con el que el América derrota a los bureles 3-2 en lo que significa el triunfo 500 de los Azulcremas en Liga en la historia del fútbol mexicano.

La alineación de aquel triunfo histórico es la siguiente: Paco Castrejón; René *Popeye* Trujillo, Miguel Ángel Cornero, Javier Sánchez Galindo y Mario *Pichojos* Pérez (Barberena); Javier *Choco* García, Toño de la Torre, y Hugo Enrique Kiese; Cristóbal Ortega, Alcindo Martha de Freitas y Alejandro Romahn (Rojas).

3 DE MAYO DE 1998 — EL ÚLTIMO DE ZAGUINHO

Luis Roberto Alves, *Zague*, máximo romperredes del Club América en su historia, juega su último partido de liga con el equipo. Lamentablemente se va expulsado al responder a una falta de Saturnino Cardozo con un manoteo y el equipo pierde 2-1 ante el Toluca, quedando fuera en semifinales.

Su marca quedó en 162 goles y su última anotación la logra unos días atrás, cuando con su tanto echa de cuartos de final al Cruz Azul.

Cabe destacar que el máximo anotador en la historia del equipo jamás pudo lograr un título de goleo, pero si colaboró para que otros lo hicieran.

4 DE MAYO DE 2008 — LA CRISIS

Termina la temporada del Clausura 2008 con el América sumido en una impresionante crisis. Comienza de entrenador Daniel Alberto Brailovsky y tras seis fechas queda fuera, aunque sus números no eran tan malos, con dos triunfos en su haber.

Llega Rubén Omar Romano como salvador del equipo, pero en la peor racha para un entrenador del América en torneos cortos, Rubén, quien está al frente del América 10 jornadas, suma 9 derrotas y 1 empate.

En la fecha 17 lo sustituye Juan Antonio Luna, exjugador del equipo, quien consigue un triunfo tras 12 partidos sin ganar y 6 derrotas consecutivas.

No cabe duda, el América está en crisis y necesita de algo más que el irrestricto apoyo de sus aficionados.

5 DE MAYO DE 1986 — ARGENTINA NOS VISITA

La selección argentina, que a la postre será campeona del mundo, llega a las instalaciones del Club América para hacerla su casa desde ese momento hasta que logren el Campeonato Mundial en México 86. El entrenador Carlos Salvador Bilardo da las proféticas palabras:

"Somos los primeros en llegar, seremos los últimos en irnos".

Y así fue.

Las instalaciones del Club América en la ciudad de México cuentan con un predio de cuatro hectáreas y media y casi 1300 metros cuadrados de construcción. La selección albiceleste estrena la Casa Club.

Hay muchas anécdotas sobre el paso de Argentina en la casa americanista. Una de ellas es que, en un partido interescuadras en contra del segundo equipo del América, Argentina pierde 1-0. Termina el primer tiempo y el segundo fue inacabable. Ya es de noche y el encuentro sigue así hasta que logran empatar. Por cábala no pueden perder un partido de entrenamiento.

Algo que pocos conocen es que la selección de Argentina no da la llamada vuelta olímpica luego de ser campeones en el Azteca, se esperan a llegar a las instalaciones del América y ahí, en el campo 1, que es en donde entrenaban, dan la vuelta con todos los empleados presentes, porque se los prometieron antes de partir al Estadio Azteca.

La Copa del Mundo, junto a la Virgen de Luján, permanecen en el centro de la cancha mientras los argentinos agradecen al América y los americanistas a los argentinos.

6 DE MAYO DE 1983 — LA MEJOR CAMPAÑA DE LA HISTORIA

Fecha 38 del torneo de Liga 1982-1983, el América golea 5-0 al Necaxa y con ese triunfo termina la campaña con 61 puntos, máximo puntaje en la historia de los torneos largos. No suelta el liderato desde la primera jornada y, al finalizar la temporada, tiene 14 puntos de ventaja sobre el segundo lugar.

El entrenador es Carlos Reinoso. Norberto Outes es campeón de goleo con 22 anotaciones. Como dato curioso, este mismo día y ante el mismo rival, pero en 1934, el América consigue sus primeros 100 triunfos en la historia.

7 DE MAYO DE 1939 — OCTAVIO VIAL

Uno de los grandes goleadores del América es Octavio *la Pulga* Vial, quien da grandes partidos y produce goles espectaculares. Este día juega uno de sus mejores encuentros, anotándole cuatro goles al Necaxa en la victoria de 6-0. Es, además, la mayor goleada al equipo electricista por parte del América en su historia. Un récord que se mantiene.

7 DE MAYO DE 1998 — UNA SEMANA DE ESPERA

El día 1 del mes el América tenía que jugar ante el River Plate en el estadio Monumental, en lo que era el partido de vuelta de los octavos de final de la Copa Libertadores.

Las Águilas hacen el viaje y llegan al estadio, lo mismo que el conjunto local, pero no así los árbitros brasileños.

Resulta que la Confederación Sudamericana jamás les avisó que eran los encargados del partido. La Federación Argentina propone árbitros locales, pero el América se niega. Las Águilas tienen que quedarse en Argentina una semana más, algo que no tenían contemplado para, finalmente, disputar su partido este día 7 de mayo.

8 DE MAYO DE 2005 — RUMBO AL DÉCIMO TÍTULO

El día de hoy se juega la última fecha del Clausura 2005, el América da cuenta del Atlas 5-2, califica a la liguilla con 30 puntos, una diferencia de +11, el brasileño Kleber entre los mejores artilleros con 12 anotaciones, la mejor ofensiva el certamen con 38 goles y sin expulsiones en todo el torneo.

La meta: la décima corona.

---

9 DE MAYO DE 1926 — EL SEGUNDO DE LIGA

En pelea en verdad colosal, América y Asturias quedan empatados al término de la Liga. Se decide jugar una serie extra de tres partidos. El cuadro crema vence en un primer encuentro 2-1, y el segundo es para el Asturias 4-1. Todo indica que el Cuadro de la Casona, como se le denomina al conjunto hispano, se llevará el triunfo; pero no contaban con la enjundia americanista, que en fiero partido jugado este día 9 de mayo, gana el tercer encuentro con un solitario gol de Juan Terrazas.

Jugaron por América: *Nacho* de la Garza; Rafael Garza Gutiérrez, *Récord*, y Agustín Ojeda; Rafael Rosales, Enrique Esquivel y Luis *Oso* Cerrilla; Rosendo *Picorete* Terrazas, Horacio Ortiz, Ernesto Sota, Williams Hyder y Juan Terrazas.

El América, gana por segunda vez consecutiva el campeonato. Los Azulcremas dominan ya el panorama futbolístico nacional.

---

10 DE MAYO DE 1960 — LA PRIMERA CONTRATACIÓN

La nueva directiva del América, bajo el mandato de Emilio Azcárraga, realiza hoy su primera contratación, es el argentino Ángel Osvaldo Schandlein, de 29 años y quien proviene de Boca Juniors.

En su primera temporada disputa 22 partidos de Liga y 4 de Copa, tan solo anota un gol y termina abandonando el club, pero le queda esa espina enterrada de hacer algo en el club y regresa para jugar en las temporadas 1963-1964 y 1964-1965, logrando al final el título de Copa.

---

11 DE MAYO DE 2004 — LA GRAN BRONCA DE LA LIBERTADORES

Uno de los capítulos más vergonzosos de la Copa Libertadores se da este día; el América y el Sao Caetano de Brasil se enfrentan en el partido de vuelta de los octavos de final. En la ida el conjunto carioca gana en su casa 2-1.

Esta noche en el Azteca, las Águilas se ponen al frente casi de inmediato con tanto de Reinaldo Navia, y todo apunta para que el cuadro local marque pronto el segundo, pero no fue así.

El Sao Caetano se tira atrás, esperando un contragolpe y este se da justo cuando faltan 15 minutos para que todo termine. Logran el empate a uno y prácticamente la eliminación del América.

Es entonces cuando ambos conjuntos comienzan a subir la fuerza

de las llegadas y los empujones, pero el detonante es un codazo de Cuauhtémoc Blanco a Anderson, que viene molestándolo desde hace rato.

Cuauhtémoc es expulsado, Navia se hace de palabras con un rival y Blanco regresa a la cancha para agarrarse a golpes con algunos elementos brasileños. La bronca se extiende y como están del lado de la cabecera en donde se encuentran las barras americanistas, estos se encienden y derriban una parte del alambrado, invaden la cancha y rebasan por completo a la seguridad.

Luego de varios minutos, en donde salen a relucir golpes, patadas y hasta una carretilla que es lanzada desde las gradas, los jugadores del Sao Caetano se resguardan en los vestidores.

La cancha del Azteca recibe un veto de tres partidos y Cuauhtémoc Blanco un año en partidos de la Conmebol. Un hecho vergonzoso, que no debe de repetirse jamás.

---

12 DE MAYO DE 1954 — EL HÉROE PALMER

El América pasa por un mal momento en la liga, pero en el torneo de Copa es diferente, llega a la final luego de dejar en el camino al Atlas, León, Toluca y Atlante.

Solo falta un último escalón para el campeonato, enfrentar a un equipo con el que ya comienza a tener una gran rivalidad: ¡El Guadalajara!

El partido queda empatado al terminar el tiempo reglamentario, y el cuadro crema sufre la expulsión de su portero Manuel Camacho por agredir a dos jugadores tapatíos.

Ante la ausencia del arquero, las Chivas lucen como favoritas para ganar el trofeo, aunque no cuentan con el deseo de triunfo del delantero americanista Eduardo González Palmer, quien se pone los guantes de portero

Su desempeño no es malo, pues al final de los tiempos extra el empate a un gol obliga a ambas escuadras a definir el partido mediante tiros penales.

El Guadalajara elige a Juan *el Bigotón* Jasso, su tirador estrella, mientras que el América a Emilio Fizel. Cabe recordar que en aquellos años un solo elemento realiza los tres penales.

Justo antes del primer tiro, un niño de escasos ocho años se acerca a Lalo Palmer y le da un escapulario. Este lo besa y se lo pone.

Para sorpresa de todos, Palmer detiene uno de los disparos de Jasso, mientras que Fizel anota sus tres goles y el América se alza con el título de Campeón de Copa 1953-1954. Es verdad que no se trata del prestigioso torneo de Liga, pero es, finalmente, un trofeo conseguido ante un rival especial como lo son las Chivas.

13 DE MAYO DE 1965 — EL ADIÓS DE JASSO

Uno de los mejores futbolistas mexicanos de la década de los sesenta, sin lugar a duda, es Antonio *el Güero* Jasso. Mundialista en Chile 1962, es tentado para irse a la Juventus, pero el presidente del América no lo deja. Jasso es un portento de jugador, tiene la facilidad de dar pases a más de 20 metros y puestos al pie del compañero. Es fino, habilidoso, profundo. Su inteligencia le da para intuir una jugada dos tiempos atrás. Su misión es fallar la menor cantidad de pases posibles y lo logra.

Por todo esto, causa más sorpresa el sorpresivo adiós, cuando su carrera se desarrolla mejor, cuando se acerca el Mundial de 1966 y el Güero está destinado a ser una de las figuras de la Selección.

Una mañana, durante el entrenamiento, José Mocebaez, quien está acostumbrado a hablar fuerte a los futbolistas, le grita a Jasso. Este, que tiene también un carácter fuerte, no se deja y le responde, aventándole la playera mientras deja el entrenamiento ante la sorpresa de sus compañeros que no saben qué está pasando.

El presidente del equipo, Guillermo Cañedo lo manda llamar y le dice que tiene que disculparse con el entrenador por mentarle la madre. Jasso, indignado, le contesta que fue al revés, el entrenador fue quien lo insultó.

Como Cañedo insiste en la disculpa, sintiendo que no lo está apoyando, le pone su renuncia sobre la mesa y sale de la oficina, sin voltear siquiera a ver a don Guillermo, quien lo llama de regreso.

El América espera que Antonio Jasso reaccione y regrese al club, pero el día de hoy 14 de mayo, se da a conocer que el mundialista mexicano, uno de los mejores futbolistas de nuestro país, firma con un equipo de la Segunda División.

Antonio, desde que llega al América, tiene la ilusión de un campeonato. Para colmo, ese año el conjunto Azulcrema es campeón, pero Jasso ya no está en el equipo.

14 DE MAYO DE 1926 — UN TROFEO DIFERENTE

Este día el fútbol mexicano es diferente, digamos que se nacionalizó por primera vez en la historia. Hasta este momento, cualquier torneo jugado ha sido ganado o por equipos totalmente extranjeros (ingleses o españoles) o con elementos de las colonias extranjeras con algunos mexicanos en sus filas.

Este torneo, sin embargo, el América se corona con 11 jugadores mexicanos y el presidente de la República, Plutarco Elías Calles, entusiasmado, les otorga un trofeo que lleva su nombre por ser, justamen-

te, el primer equipo completamente mexicano.

El trofeo es recibido el día de hoy y la directiva del América agradece mediante un telegrama que tiene a bien guardar el club hasta el día de hoy, dirigido al mandatario. Es el reconocimiento al primer club al que se le puede considerar totalmente hecho en México.

14 DE MAYO DE 1967 — GOLEANDO AL CRUZEIRO.

El Cruzeiro ha tenido un gran año, después de 22 partidos del campeonato Mineiro y los 6 de la Copa de Brasil, derrota al entonces invencible Santos de Pelé, conquistando sorpresivamente la Copa de Brasil, siendo el primer club Mineiro en conseguir un Campeonato Nacional.

Para celebrar, realizan una gira. En México, el día de hoy se enfrentan al América y el conjunto Azulcrema les da una cálida bienvenida goleándolos 5-1.

El periódico *El Informador*, en su editorial dice al respecto:

"Un esplendoroso triunfo del América que ha logrado relevante hazaña en el terreno de las victorias internacionales. Batir al Cruzeiro, que tiene renombre en todo el globo terráqueo después de que batió al Santos de Pelé y conquistó el título de campeón de su país, es un hito siempre apetecible, pero sobre todo si, como en esta ocasión, las cifras de la victoria son rotundas y claras".

15 DE MAYO DE 1982 — ROMPIENDO LA HEGEMONÍA

Este día me toca presenciar el partido en las gradas del estadio Azteca. El América viene al alza mientras que el Cruz Azul necesita tan solo de un empate para meterse a la liguilla. Los celestes parten como favoritos, máxime que por aquellos años han logrado una hegemonía sobre las Águilas, sobre todo en la década pasada, con cinco títulos por dos del América.

Es una tarde sublime. El equipo comandado por Carlos Reinoso da cuenta con mucha facilidad del conjunto de Trelles. En la media cancha, el comandante supremo es Lalo Bacas, un argentino que tiene poco tiempo en el equipo y que hoy demuestra su liderazgo. En la delantera, un tridente ofensivo se adueña de la cancha: Tapia, Outes y Batata.

Al final, Las Águilas arrollan 5-0 al Cruz Azul, causándoles una gran humillación, y quedan fuera de la liguilla, mientras América califica. A partir de entonces, la década de los ochenta, será totalmente Águila.

16 DE MAYO DE 2002 — LA LIBERTADORES

El América es el equipo mexicano con más triunfos en una sola edición de Copa Libertadores con nueve, el último de ellos se da este día ante otro equipo mexicano, el Morelia, al que le gana 2-1.

En todo el certamen las Águilas solamente pierden en una ocasión y es en semifinales ante Sao Caetano.

17 DE MAYO DE 1973 — LOS TRES DE BORJA

Enrique Borja se proclama tricampeón de goleo al anotarle 2 al Zacatepec y cerrar su cuenta en 24 tantos en la temporada 1972-1973. En las dos temporadas anteriores, 1970-1971 y 1971-1972 ya había ganado el campeonato con 20 y 26 goles respectivamente.

Este campeonato en especial es muy emotivo, Chavarín, delantero del Atlas llega a estar 9 goles arriba de Borja. Las jornadas pasan y Enrique se acerca. En la última fecha, Atlas juega el sábado por la noche y Chavarín anota su gol 23, por 22 que tenía Borja.

Es domingo, América juega contra Zacatepec y a centro de Borbolla Enrique empata el liderato de goleo. Los minutos pasan y no puede concretar. Una falta dentro del área del América sella el título.

Normalmente el que cobra los penales es Carlos Reinoso, pero le cede el honor a Borjita, quien tira, el portero rechaza, pero con la fortuna de que el rebote le cae cerca y vuelve a rematar, para conseguir el gol del tricampeonato.

¡Sublime!

18 DE MAYO DE 1930 — EL GOLEADOR SOTA

El delantero del América Jorge Sota logra el título de goleo de la Liga con 12 tantos. Lo curioso del hecho es que su hermano Ernesto lo consigue con anterioridad en las temporadas 1924-1925 y 1927-1928, con lo que se da el único caso en la historia del fútbol mexicano en el que un par de hermanos gana el título de goleo.

19 DE MAYO DE 2019 — GANAR, EMPATAR Y PERDER AL MISMO TIEMPO

¿Se puede ganar, empatar y perder el mismo partido, el mismo día, ante el mismo rival? Parece algo imposible, pero es lo que le pasó al América en este día.

El equipo pelea por llegar a la final jugando ante el equipo León. El resultado final es de 1-0 a favor de las Águilas, sin embargo, el marcador global fue de empate a un tanto y por mejor posición del cuadro verde, este le ganó al América la posibilidad de la final.

Así que, aunque parezca descabellado, es el día en el que el América gana, empata y pierde al mismo tiempo y no, no es la dimensión desconocida.

---

20 DE MAYO DE 1977 — LA BODA DE CRISTO

Y la porra se dejó llegar a la Parroquia de Nuestra Señora del Sagrado Corazón, en Plan de San Luis número 485, en la colonia Nueva Santa María en la ciudad de México. Y de ahí, luego de la ceremonia religiosa, muchos gorrones se atrevieron a ir a la fiesta en la Fonda Santa Anita, cuyo propietario es el exjugador *Pepín* González; este día se nos casó Cristóbal Ortega, uno de los futbolistas favoritos del americanismo, quien contrajo nupcias con la joven de 19 años Ana María Díaz de León.

Y no es que los aficionados se hayan dedicado a investigar donde sería el ágape, sino que la revista *Fibra américa* comete la indiscreción de dar todos los datos con pelos y señales sobre la boda, incluyendo la dirección de la iglesia y del lugar del evento.

Solamente faltó el destino de la luna de miel, la dirección del hotel y el cuarto ¡Ya sería demasiado!

---

21 DE MAYO DE 1961 — EL FUTBOLISTA DESAFILIADO

El día de hoy, la selección mexicana juega en contra de las Antillas Holandesas, que tienen como base a jugadores de Curazao. El encuentro sorpresivamente queda 0-0 y brilla un joven delantero del equipo de las Antillas, que llega constantemente a la meta mexicana, su nombre: Ronald Martell.

El jugador es muy rápido, preciso en el toque y con gran sentido de desmarque, por lo que la directiva del América le echa el ojo y lo contrata de inmediato.

El Club recibe muchas críticas de parte de la prensa y de otros equipos por quedarse con un jugador de una selección que ni afiliada a la FIFA está. Para sorpresa de muchos, Martell tiene un gran desempeño con el América.

Martell llega con 21 años 11 meses y desde su debut da muestra de su talento. Es un jugador indispensable en los torneos de Copa que gana el equipo, un gran compañero y un mejor ser humano.

22 DE MAYO DE 1983 — UNA DERROTA MUY DOLOROSA

Las Águilas tienen una temporada de ensueño, rompiendo récords al por mayor y son amplias favoritas para quedarse con el título.

En semifinales se encuentran con el odiado rival las Chivas del Guadalajara. En el primer partido, el cuadro local derrota al América, pero se espera que en el Azteca y por el fútbol que está ofreciendo, el conjunto de Coapa sea el victorioso.

Llega este día y el conjunto del Guadalajara sale decidido a terminar con la fiesta americanista. Jugando sucio, ponen en la mira al delantero Águila y campeón de goleo, Norberto Outes, a quien cosen a patadas, hasta que al minuto 25, luego de la enésima falta, este responde y empuja a Cisneros, quien se deja caer como si estuviera noqueado. El árbitro Codesal —el mismo que acuchilló a Argentina en la final de la Copa del Mundo de 1990— ve solamente el empujón del americanista, pero se hace el ciego con la cantidad de faltas cometidas al delantero.

Se arma la llamada Cámara Húngara y el nazareno al único que expulsa es al jugador del América. Los ánimos quedan caldeados, Cárdenas de Chivas tira un golpe a Trejo, este cae y el árbitro expulsa al capitán chiva.

Minutos después es expulsado Manzo por tirar un codazo, Chivas anota nuevamente en los últimos minutos de juego y comienza una batalla campal en la que intervienen hasta granaderos.

La bronca comienza cuando, después del gol del hoy analista de televisión, Roberto Gómez Junco, este va a la banca americanista y se burla de los que ahí se encuentran.

El profesor De Anda, preparador físico de las Águilas, le tira un golpe y se arma una trifulca en donde participan policías, jugadores, suplentes, exjugadores, aficionados, periodistas y durante más de 10 minutos no se ven más que golpes, patadas y descontones.

Todo termina con nueve jugadores de las Águilas expulsados, por ocho de las Chivas, el América eliminado y con una sed de venganza que se lograría concretar, afortunadamente, en el siguiente torneo.

23 DE MAYO DE 1949 — LA POPULAR

Un grupo de aficionados fieles al equipo, liderados por Julio Mata *el Camarón*, forman la "Porra Popular", que a partir de ese momento se dedica a apoyar en cada partido al América.

Conformada por hombres, mujeres y niños, la Porra Popular junto con la Familiar acompañaron por muchos años al equipo, hasta que las Barras fueron quitándoles espacio, haciéndoles ceder su lugar.

24 DE MAYO DE 1980 — NACE EL CLÁSICO JOVEN

El América y el Cruz Azul comienzan a tener una gran rivalidad cuando la llamada Máquina Celeste le arrebata el bicampeonato al América en 1972 y además humillándolo con 4 goles.

Durante la década de los setenta, esta rivalidad se va incrementando y este día, tras un gran partido que desafortunadamente gana el Cruz Azul, el comentarista de Televisa, Gerardo Peña, menciona en su crónica que la rivalidad era ya tan enconada, que parece un verdadero clásico, pero como ya existe el Clásico de Clásicos ante el Guadalajara, este es un Clásico Joven.

Han pasado más de 40 años de esto y, aunque ya no es tan joven, se le sigue nombrando así. Afortunadamente, desde la década de los ochenta, el América ha tenido un claro dominio sobre los Celestes, ganándoles inclusive dos finales.

25 DE MAYO DE 2000 — GANANDO EN LA PAZ

Se juega el segundo partido de cuartos de final de la Copa Libertadores 2000 ante el Bolívar. En la ida, el América gana en casa 2-0. El día de hoy, el claro favorito es el equipo local, porque ninguna escuadra mexicana ha podido ganar un encuentro a la altura de la Paz, Bolivia.

El conjunto de las Águilas, sin embargo, da la gran sorpresa y con goles de Salgado y Calderón derrota 1-2 al cuadro boliviano. Los apostadores que le fueron al América hicieron su agosto en mayo, parecía muy complicado que un club mexicano ganara en la Paz, pero para las Águilas no hay imposibles.

26 DE MAYO DE 1954 — LA GIRA

El Club América es el primer equipo mexicano en realizar una gira por Sudamérica en la historia. Este día debutan perdiendo ante Gimnasia y Esgrima.

Se juega en Argentina, Paraguay, Ecuador y Colombia, en total son 15 partidos, ganan 7, empatan 1 y pierden 7. Un balance positivo para ser la primera vez de un club mexicano en territorio de la Conmebol.

26 DE MAYO DE 1974 — EL DEBUT DE TENA

Un día histórico para el América. Debuta Alfredo Tena y lo hace en el partido final del Campeón de Campeones, contra Cruz Azul. El titular Luis Miguel Barberena fue operado y el suplente Lino Espín está lastimado, por lo que José Antonio Roca tiene que echar mano de él.

Con el tiempo, Tena se convierte en el mejor defensa en la historia del equipo, imbatible, serio, muy fuerte de piernas y ágil de mente. El líder dentro de la cancha y fuera de ella. Un estudioso permanente de las tácticas de juego.

Tena participa en el club por más de quince años y, al retirarse, deja un hueco que hasta la fecha no ha podido ser llenado.

Alfredo Tena es considerado por sus compañeros como el símbolo del club. En los partidos es el primer defensor, pero también el primer atacante. ¿Quién no recuerda sus famosos goles de cabeza en los últimos minutos cuando todo parecía perdido para el club de Coapa, o su gol de media cancha? Su filosofía es dar lo mejor de sí mismo los noventa minutos no importando el resultado. Es durante muchos años el capitán del América, título que obtiene gracias a sus propios méritos dentro y fuera de la cancha.

Respetado y admirado, Tena es el jugador que —solo por debajo de Cristóbal Ortega— ha vestido por más ocasiones la camiseta americanista, (casi setecientas veces). Mundialista en 1978. Con el club logró varios títulos: Campeón de Liga en las temporadas 1975-1976, 1983-1984, 1984-1985, PRODE 85, 1987-1988, 1988-1989, Campeón Copa Interamericana 1978 y 1991, además de un sinnúmero de torneos amistosos.

El Capitán Furia, un símbolo del americanismo.

---

26 DE MAYO DE 2002 — POR FIN EL TÍTULO

En la liguilla el América deja en el camino al superlíder La Piedad y a los Pumas, uno de los favoritos por el fútbol que despliega. A la final llega para enfrentar al Necaxa, que por su parte eliminan al Toluca y al Santos.

Las Águilas tienen 13 años sin ganar la Liga, por lo que es apremiante hacerlo ya. En la ida los Rayos matan las esperanzas ganando 2-0, uno de ellos del ídolo americanista Zague, quien fue vendido sin su consentimiento.

Hoy es matar o morir. Más de cien mil aficionados, incluyéndome, estamos con la esperanza en el bolsillo, con el corazón en la mano y con el gol en la garganta esperando celebrar.

¿El América logrará el título anhelado? La respuesta tarda en llegar. En los primero 45 minutos prevalece el cerrojo necaxista, que se dedica a defender su ventaja renunciando al ataque.

La segunda mitad arroja más dudas que respuestas. Muchas llegadas, pero no se puede abrir la portería defendida por Navarro y que lleva más de 600 minutos sin recibir un gol en contra.

Manolo Lapuente, el entrenador de las Águilas, tiene que modificar el esquema que hasta el momento le ha dado resultado a lo largo del torneo y renuncia a sus carrileros y habilitándolos como extremos, por un lado, Patiño y por otro Manuel Ríos ¡Y Funciona!

Al minuto 56 Patiño, con un certero cabezazo, abre el marcador. Tres minutos más tarde, Iván Zamorano se reencuentra con el gol en el momento preciso para lograr el 2-0 de la tarde y el 2-2 global.

América, queriendo encontrar su cita con el destino, sigue tocando la cabaña necaxista, pero terminan los noventa minutos con el empate que manda el partido a tiempos extras.

Comienza el primer complementario y casi de inmediato Necaxa tiene en los botines de Carlos Gutiérrez el gol de la victoria, saca un obús que afortunadamente Adolfo Ríos logra desviar con las uñas en lo que estuvo a punto de sellar el encuentro.

Justo al minuto 105, cuando está a segundos de concluir el primer extra, Hugo Norberto Castillo, de cabeza, con el corazón por delante, logra el tanto que hace vibrar a millones de personas que, a lo largo y ancho de la República mexicana, cantan la anotación con los ojos llenos de lágrimas. Quienes estamos en el estadio, nos abrazamos, sentimos, nos estremecemos.

América es, después de trece años, campeón del fútbol mexicano.

26 DE MAYO DE 2013 — UNA FINAL ÉPICA

Han sido muchas las finales, antes y después de este momento, pero sin lugar a duda, nadie podrá olvidar los últimos cinco minutos del tiempo reglamentario y los tiros penales de la que jugaron América y Cruz Azul en el Clausura 2013.

Un partido dramático, lleno de emoción, de verdadera locura, con unas Águilas que mostraron mística, que no bajaron los brazos y que, con el corazón echado para adelante, culminaron una obra que parecía perdida. Cualquier otro equipo se hubiera dado por vencido, pero no el América, eso es lo que lo hace diferente a todos los demás.

Faltan apenas unos minutos para que la gran final termine en el Azteca, Cruz Azul gana dos a cero en el global y ya muchos aficionados abandonan las tribunas, unos lloran, los celestes festejan, pero dentro de la cancha, cada uno de los diez jugadores americanistas que quedan, tras la expulsión desde el primer tiempo de Jesús Molina, no dan nada por perdido.

Así Aquivaldo Mosqueda al minuto 88 marca de cabeza el gol de la esperanza y tres minutos más tarde, ya en tiempo de compensación, Moisés Muñoz, el hombre que estuvo a punto de morir un año atrás en un accidente automovilístico había dicho:

"Si Dios me dejó vivir es porque tengo una cita con un destino diferente".

Y este fue su destino, su sino era marcar el gol que le daba vida al América y aparecer como uno de los grandes en la historia del mejor equipo de México.

Y qué decir de Miguel Layún, aquel futbolista —con poco nombre— que llegó en el 2010 al América y que, por sus actuaciones, muchas de ellas malas, fue denostado con la frase que lo hizo famoso: "Todo es culpa de Layún".

Cualquier momento malo que pasara el equipo, era de inmediato achacado al futbolista, tuviera o no tuviera que ver. Poco a poco, Layún se fue ganando la confianza de muchos aficionados y, sobre todo, de Miguel Herrera que lo hizo inamovible, a tal grado de ser seleccionado nacional y en esta final pasaría finalmente de ser el villano al héroe, al cobrar el último tiro penal, que decidía si América era campeón o tendría que esperar otro tiempo, dejando a Cruz Azul, uno de sus grandes rivales históricos, la oportunidad de serlo.

Layún, cobró. Él le pidió esa oportunidad a Herrera, a sabiendas de que, si fallaba, significaría una verdadera losa en su carrera.

¡Layún anotó! Y en esta época moderna de las redes sociales, el *hashtag* #LaculpaesdeLayún se convirtió en *trending topic* del momento, lo mismo que #MoiMuñozeselheroe. Cientos de miles de aficionados reconocían a Layún y a Muñoz, como los nuevos ídolos del América Campeón.

---

26 DE MAYO DE 2020 — DÍA DEL AMERICANISMO

El 26 de mayo es un día especial para el América. En 1974, debuta el Capitán Alfredo Tena; en el 2002, con gol de Misionero Castillo, se logra el Campeonato de Verano 2002 luego de trece años sin serlo y en el 2013 aquel campeonato ante Cruz Azul, en esa final épica. Es por eso que el club nombra ,a partir de este año, esta fecha como el Día del americanismo.

---

27 DE MAYO DE 1965 — UN CIGARRO PARA CELEBRAR

Se juega el partido América vs Atlas en la liga del torneo 1965-1966 que gana el conjunto crema 2-0 con goles de Arlindo y Moacyr. Al término del encuentro Arlindo —quien anota un gran tanto— saca un cigarro de su maleta, se pone a fumar en un rincón y en eso entra Guillermo Cañedo, presidente del equipo, para felicitar a los jugadores por

el gran partido y, al ver a Arlindo fumando, se acerca a este, le pone el brazo sobre el hombro y con actitud paternal le dice:

"Arlindo, usted no puede fumar y menos aquí, en el equipo América no se fuma, recuerde que usted es un jugador profesional".

Arlindo, le da una bocanada a su cigarro y le contesta:

"Señor Cañedo, con todo respeto, pero cuando usted fue a Brasil a contratarme, mientras trataba de convencerme de venir a México, yo saqué una cajetilla y le ofrecí un cigarro, usted me dijo que no fumaba, y yo fumé delante suyo y no me dijo nada de que en el América no se podía fumar, de haberlo hecho, yo no estaría aquí hoy y no hubiera anotado el golazo que conseguí para el equipo".

Cañedo solo sonrió y le dijo: "Tiene usted razón, siga anotando y si quiere siga fumando".

---

28 DE MAYO DE 1966 — EL PRIMER GOL

El primer gol no oficial en el Estadio Azteca se da en el reconocimiento de la cancha un día antes de la inauguración.

El América arma un partido interescuadras y el brasileño José Alves, *Zague*, le anota el primer tanto al portero Jorge Luis Iniesta. Por supuesto este gol no cuenta para los registros, pero sí para el recuerdo personal del Lobo Solitario.

---

28 DE MAYO DE 1985 — ¡CAMPEONES!

Nos encontramos nuevamente en una final de Liga, el rival es el equipo de los Pumas de la UNAM, plantel joven que en pocos años ha desarrollado un fútbol de excelente nivel, con un estilo propio que inclusive es utilizado en la selección nacional que se prepara rumbo al Mundial de 1986.

El primer encuentro se disputa en el Azteca el día 23. Un partido muy cerrado que termina empatado a un gol. El 26, en C.U. en un encuentro dramático, no solo por el resultado que arrojó un 0-0, sino porque una multitud se agolpa en las entradas al estadio y, como una turba decidida, arremete contra los túneles que no soportan la magnitud de los cuerpos que se apretujan unos a otros y en donde hay, al final del día, varios fallecidos.

Se juega por reglamento un tercer encuentro este día 28, en el estadio Corregidora de Querétaro. El América logra el bicampeonato. Derrota 3-1 a un combativo Pumas que se ve afectado por un deficiente trabajo arbitral, pero que en nada opaca la victoria de las Águilas que de principio a fin arremete con furia sobre el marco rival.

El héroe del campeonato es nuevamente el portero Héctor Miguel Zelada que, como el año anterior, se comporta a la altura de su categoría. Además, Daniel Alberto Brailovsky tiene una actuación sensacional coronada con dos goles que, junto al logrado por Hermosillo, dan cifras definitivas al marcador.

Los hombres que dan cuenta de Pumas aquella tarde son Héctor Miguel Zelada; Vinicio Bravo, Mario Alberto Trejo, Armando Manzo y Alfredo Tena; Alejandro Domínguez, Cristóbal Ortega y Eduardo Bacas; Daniel Brailovsky, Juan Antonio Luna y Carlos Hermosillo.

América es campeón una vez más. Sus hazañas lo sitúan como uno de los mejores equipos en la historia del fútbol nacional.

29 DE MAYO DE 1966 — LA GRAN INAUGURACIÓN

Este día inicia una nueva historia para el fútbol mexicano ¡Ciento diez mil personas cómodamente sentadas esperan con ansias que den las doce del día! América y Torino inauguran el Estadio Azteca.

Con su clásica playera crema y su pantaloncillo azul marino el América hace su aparición en la cancha del Coloso de Santa Úrsula. El Torino, vistiendo de vino y *short* blanco pisa también la grama.

El balón naranja —idéntico al oficial de la Copa del Mundo de Inglaterra— es colocado en posición y el árbitro Fernando Buergo da el silbatazo inicial para que las acciones comiencen.

Al minuto 10, en una descolgada, Alfredo del Águila manda el esférico al *Bebé* Arlindo Dos Santos, quien burla a la defensa con su clásico desborde. La sólida defensiva italiana se ve superada por el habilidoso brasileño, quien con pierna derecha vence a Vieri ¡Se ha consumado el primer gol oficial en el Azteca!

Al final, el encuentro termina empatado a 2 goles. Es apenas el principio de miles de gestas heroicas que el América vivirá en casa. Cancha dos veces mundialista, en donde jugará Pelé y Maradona en sus mejores momentos, de Copas de Oro y Copa Confederaciones, conciertos y visitas papales, Olimpiada y juegos de fútbol americano de la NFL, peleas de campeonato de boxeo y en donde el tricolor conseguirá su clasificación a Copas del Mundo y, por supuesto, en donde el América se corona campeón en múltiples torneos.

29 DE MAYO DE 2005 — UN CAMPEONATO IMPRESIONANTE

América y Tecos de la Universidad Autónoma de Guadalajara se enfrentan en la final del fútbol mexicano. En el primer partido, el día 26, se empató a un gol, dejando todo para el 29.

El partido de la gran final coincide con los 39 años del Estadio Azteca. Las Águilas, con una demostración impresionante de poderío ofensivo y trabajo táctico, derrota y golea a los Tecos de la UAG 6-3, con un 7-4 global.

El equipo alinea con Guillermo Ochoa; José Antonio Castro, Duilio Davino, Ricardo Rojas y Alberto Salinas; Francisco Torres, Germán Villa y Pável Pardo; Cuauhtémoc Blanco, Aarón Padilla y Claudio *Piojo* López. De cambio ingresaron Rodrigo Valenzuela, Álvaro Ortiz y Chuy Mendoza.

Los goles son obra de Aarón Padilla al minuto 1. Claudio López marca el segundo al 4. Eduardo Lillingston acorta distancias al minuto 21. Aarón Padilla nuevamente al 37 para el 3-1. Carlos María Morales pone el 3-2 al 59.

El 4-2 es obra de Cuauhtémoc Blanco al minuto 62. Jesús Mendoza al 67 logra el 5-2. El 5-3 al minuto 86 lo pone Flavio Davino y al minuto 89 Claudio López da cifras definitivas clavando el 6-3.

Así América se corona con contundencia. Es el mejor equipo de la Liga, la mejor ofensiva del torneo y se descara goleando en la final.

Las Águilas celebran su décimo título de liga en la época profesional y el décimo cuarto en su historia, siendo el equipo en activo con más títulos del fútbol mexicano.

---

30 DE MAYO DE 1928 – OLÍMPICOS CON SABOR AMERICANISTA

La selección mexicana debuta en Juegos Olímpicos enfrentando a España, es su primera salida al mundo y el Club América aporta 9 jugadores titulares. Para el encuentro, México inicia con Oscar Bonfiglio en la portería; Rafael Garza Gutiérrez y Agustín Ojeda en la defensa. En el medio campo están Nieves Hernández, Pedro Suinaga y Luis Cerilla, presentando en la delantera a Carlos Garcés, Benito Contreras, Ernesto Sota, Juan Carreño y Juan Terrazas.

Básicamente es la alineación del multicampeón América, reforzado en algunos puestos.

---

31 DE MAYO DE 1961 – SOMOS UNA FAMILIA

El América intenta reverdecer laureles y la directiva decide contratar a jugadores brasileños para que levanten al equipo, entre ellos Ney Blanco y Moacyr. Los jugadores mexicanos están un tanto a disgusto, porque Blanco les presume que gana tres veces más que los mejores pagados del equipo.

Esta mañana, en un entrenamiento, un joven elemento del segundo equipo le mete un empujón a Ney para buscar despojarlo del balón. Algo que parece intrascendente, el brasileño lo lleva más allá y comienza a gritarle al muchachito.

Más adelante, cuando este último lleva el balón, Ney Blanco llega con la pierna por arriba y lo faulea de mala manera. *El Pescado* Portugal lo increpa, mientras que los brasileños van a defender a su compatriota.

De repente, todos los mexicanos rodean a los extranjeros. Mario Pérez, que ya es auxiliar de Trelles, llega a separarlos. Pedro Nájera y Juan Bosco ponen orden. Sube la voz, Nájera y advierte:

"Aquí vienen ustedes a sumar, no a dividir, por mucho dinero que ganen por encima de los demás, no nos interesa, y tampoco vengan a presumirlo. El que no quiera unirse, porque aquí somos una familia, simplemente que se haga a un lado y que no estorbe, porque el América lo que necesita es que todos juguemos para el mismo bando".

No se tuvo que decir nada más, los brasileños se disculparon y se dieron la mano, el equipo se unió más que nunca y en verdad se convirtió en una gran familia.

JUNIO

---

1 DE JUNIO DE 1973 — AVENTURA DE BORJITA

No cabe duda de que Enrique Borja es un ídolo. A donde llega la afición lo espera para tomarse una fotografía con él, sobre todo los niños. Aprovechando su fama, decide sacar una revista, cuyo primer número aparece el día de hoy. Se llama *Las aventuras de Borjita* y llega a tirar 125 000 ejemplares a la semana con un éxito impresionante.

---

2 DE JUNIO DE 1977 — LAS NUEVAS INSTALACIONES

El América tiene su lugar de entrenamiento en la calle del Toro, número 100, en Copa. El día de hoy se inaugura su frontón cerrado, poco más de 800 metros cuadrados en un rectángulo de 40x20, dedicados para perfeccionar la técnica del golpeo, un lugar que tiene un costo de un millón de pesos, un dineral para este tiempo.

Ningún equipo de México posee, en este momento, unas instalaciones como las del América, que, además, no solo son utilizadas o por el primer equipo, sino desde los niños de la escuelita hasta los consagrados y, años después, será casa de la selección de Argentina.

---

3 DE JUNIO DE 2006 — LA REGADA DE LA VOLPE

El entrenador de la selección mexicana, Ricardo La Volpe, da la lista definitiva de los jugadores que viajarán a Alemania para disputar la Copa del Mundo, y aunque desde la lista previa dada dos meses atrás ya se sabe que Cuauhtémoc Blanco no es un futbolista de su preferencia, al ser el mejor jugador de los últimos veinte años, se espera que rectifique, pero no lo hace.

La Volpe decide llevar a su yerno, Rafael *el Chiquis* García, quien prácticamente no es titular en los equipos que ha militado, inclusive después del Mundial sigue siendo suplente.

No hay nada que justifique su convocatoria, ni grandes partidos, ni su don de mando, ni su sacrificio en pos del grupo, ni su carisma... nada. Su convocatoria causa escándalo porque la única razón pensada es esta: que García es convocado por su suegro para que pueda viajar con la familia (La Volpe se lleva esposa, hija, nietos y hasta el perico al Mundial) y García tiene que estar en pretemporada con su equipo y como el buen La Volpe no puede hacerle eso a su hija, pues, simplemente se lo lleva a la Copa del Mundo; aun cuando todos saben que el Chiquis no jugará ni un solo minuto y que no aportará absolutamente nada, los directivos no cuestionan —por lo menos abiertamente— la convocatoria del yerno.

En la lista final, según los que saben, los auxiliares sí contemplan a Cuauhtémoc Blanco, pero por las diferencias entre ambos, La Volpe se queda con su yerno. Un grave error, porque Blanco es mucho más que García, quien solo fue a calentar la banca y a cobrar viáticos.

Al final lo paga caro, porque ni siquiera a Angola —la peor selección de Alemania 2006— se le puede ganar.

---

4 DE JUNIO DE 1918 — LEÓN TORAL

José de León Toral, quien en 1928 mata al presidente mexicano Álvaro Obregón, entra en esta fecha al Club Centro Unión (Club América) y participa durante dos años como futbolista activo. Se desconoce si jugó un partido oficial en la Liga debido a la falta de algunas alineaciones en los diarios de la época.

---

5 DE JUNIO DE 1927 — EL TERCERO CONSECUTIVO

Nadie puede parar al América. Llegan al equipo jugadores como Francisco Garza Gutiérrez, hermano de Récord; Carlos Carral y el que más satisfacciones da a la causa, Benito Contreras, toluqueño de excelente toque y gran colocación que es pieza fundamental para la consecución de un tercer título.

El día de hoy se juega el último partido, el América debe obtener el triunfo para lograr el tricampeonato. Los Azulcremas vencen 2-1 al Aurrerá, con dos goles de Benito Contreras. El conjunto que consigue el título, el que salta a la cancha, es el siguiente: *Nacho* de la Garza; Hesiquio *Chico* Cerrilla y Agustín Ojeda; Luis *Oso* Cerrilla, Rafael Garza Gutiérrez, *Récord,* y Francisco *Camión* Henríquez; Benito Contreras, Carlos Garcés, Ernesto Sota, Enrique Esquivel y Juan Terrazas.

Con siete triunfos, cuatro empates y una sola derrota ante el Necaxa, con 30 goles a favor por 8 en contra, se alza nuevamente con el título de campeón del fútbol mexicano, además de obtener la Copa Challenger reservada al equipo que lograra en forma consecutiva tres títulos de liga.

6 DE JUNIO DE 1954 — LA GIRA

El América es el primer equipo mexicano en jugar en Sudamérica. El día de hoy le toca enfrentar a la selección tucumana, que viene de meterle cuatro tantos al River Plate, por lo que no se espera mucho que pueda hacer el cuadro Crema.

Aquella noche es memorable, el conjunto mexicano vence 3-2 a los tucumanos. Un compatriota que vive en Argentina se suma al conjunto Azulcrema y los felicita, además de invitarlos a su casa a celebrar.

Resulta que el señor Viñas, quien es el paisano, tiene tres hijas hermosas y cuando se da cuenta de que algunos de los jugadores las están enamorando, decide dar por terminada la tertulia:

"Bueno, ya es un poco tarde y hay que irse a dormir, muchas gracias por venir, esta es su casa cuando gusten".

Emocionados por el triunfo, los americanistas se despiden y van cantando en la calle, lo que no saben es que, por la hora, está prohibido y se los llevan a la comisaría. Afortunadamente, el embajador mexicano logra sacarlos para que puedan jugar al día siguiente.

7 DE JUNIO DE 2000 — SEMIFINAL INOLVIDABLE

Las Águilas están a nada de eliminar a los Bosteros y convertirse en el primer equipo mexicano en jugar la final de ese certamen, lo que finalmente no sucede.

Dos partidos muy emocionantes y dramáticos para los aficionados americanistas porque nos quedamos a un gol de eliminar al cuadro argentino que en aquel tiempo manejaba Carlos Bianchi, considerado uno de los mejores entrenadores del fútbol mundial.

Esta noche en el Azteca, el América le hace los honores a Boca con una desventaja de 4-1, ya que los Xeneizes golearon en la Ida. Los aficionados hacen lo suyo, el estadio está lleno y los cantos y porras no cesan. En el primer tiempo José Luis Calderón anota el primero que acerca a las Águilas.

Los argentinos aguantan defendiendo todo el primer tiempo. En la parte complementaria, Fabián Estay anota el segundo y Calderón al minuto 81 clava el tercero para empatar el marcador global. De terminar así, todo se resolverá en la tanda de penales.

América no deja de llegar y cuando parece que consuma la volte-

reta, aparece el defensa Walter Samuel al minuto 83 y, de un certero cabezazo, anota el gol con el que Boca termina con las aspiraciones de las Águilas.

A los que estamos presentes nos deja un sabor amargo y más tras el gran partido del América.

8 DE JUNIO DE 1964 — EL GRAN SANTOS

Nace Antonio Carlos Santos, uno de los mejores jugadores extranjeros que han llegado al América. Un genio con el balón, de goles exquisitos y jugadas magistrales. Santos llega a México en 1987 siendo un desconocido, a punto está de no jugar por el límite de extranjeros.

Mientras se decide su estancia en el equipo, el América juega una cascarita tras un entrenamiento y falta un jugador. Carlos Hermosillo le dice al entrenador:

"Mira, allá hay dos morenos dando la vuelta a la cancha, dile a uno que se venga a jugar".

Le preguntan a *Panchito* Hernández que quiénes son y les dice que son dos futbolistas que están a prueba.

Manda a uno de ellos, que es justamente el *Negro* Santos, y desde que tocó la bola dio muestra de su magia. En ese momento deciden que se quede y ya en la cancha, con su fútbol de fantasía, se gana de inmediato a los aficionados, como ya lo había hecho con sus compañeros de equipo.

Con las Águilas, Antonio Carlos Santos fue 8 veces campeón en torneos nacionales e internacionales, destacado campeón de Liga en 1987-1988 y 1988-1989, Campeón de Campeones en 1987-1988 y 1988-1989, de Concacaf en 1987 y 1990 y de la Copa Interamericana en 1991, además de ser declarado mediocampista histórico en los 100 años del América.

9 DE JUNIO DE 1999 — ROSALINDA

El futbolista del Club América y seleccionado nacional, Duilio Davino, tiene el día de hoy una participación en la telenovela de Televisa, *Rosalinda*, al lado de la actriz mexicana Thalía.

El futbolista está tan solo unos minutos al aire, en los que se interpreta a sí mismo y llega buscando a la intérprete principal para manifestarle su amor.

El que hayan elegido a Davino para este papel, tiene su razón de ser, una revista lo puso como uno de los atletas más guapos y carismáticos, por lo que la televisora, dueña del mismo América, lo aprovechó.

10 DE JUNIO DE 1984 — LA FINAL DEL SIGLO

Un Estadio Azteca repleto ve colmadas las aspiraciones de unas Águilas que levantan el vuelo. El América conquista el título de manera brillante, mediante una actuación grandiosa, en verdad fenomenal.

El principio parece adverso, con la temprana expulsión de Armando Manzo el América queda diezmado, además, al minuto 39 el silbante marca un penal a favor de Chivas. Con diez hombres y un penal en contra parece que el mundo se viene abajo, solo es cuestión de que el Guadalajara aproveche las circunstancias.

Pero un héroe escondido en el suéter de portero levanta nuevamente la confianza, Héctor Miguel Zelada detiene el tiro penal ejecutado por Cisneros. De ahí en adelante, el América es otro, se llena de confianza y renace el talento y a base de contragolpes se adueña de las acciones y hace ver impotentes a los odiados rivales.

Con goles de Eduardo Bacas y del capitán Alfredo Tena, las águilas se van al frente. Guadalajara acorta el marcador con un penal dudoso. Un minuto antes del final, el América muestra su despliegue ofensivo y con un disparo tremendo después de una gran jugada, Javier *el Vasco* Aguirre pone cifras definitivas al marcador ¡3-1!

Los jugadores de esta hazaña son: Héctor Miguel Zelada; Vinicio Bravo, Mario Alberto Trejo, Armando Manzo y Alfredo Tena; Carlos de los Cobos, Cristóbal Ortega y Javier Aguirre; Gustavo Echaniz, Daniel Brailovsky y Carlos Hermosillo. Entran de cambio Eduardo Bacas y Juan Antonio Luna.

Es una demostración grandiosa de un digno campeón ante su acérrimo rival. Es sin duda el partido que mayores recuerdos trae a los aficionados. América y Guadalajara, los máximos exponentes del fútbol mexicano, juegan por primera y única vez una final de campeonato de Liga, la final del siglo.

11 DE JUNIO DE 1964 — SALE MUY CARO SER FUTBOLISTA

Uno de los jugadores más recordados por su entrega dentro del terreno de juego es Jorge *Coco* Gómez, un fino delantero, quien debuta en 1964 con el América. Meses antes de hacerlo, justo el día de hoy, Jorge se presenta a recibir las indicaciones con parte de los nuevos elementos que entran en planes.

Un directivo les informa del pago y el Coco levanta los hombros y, con cara de preocupación, le dice a quien tiene al lado:

—En la madre... ¿Y ahora qué hago? No traigo dinero y además es mucho lo que piden, no pensé que se pagara tanto por jugar.

Su compañero, sonriendo le dice:

—¡No! Si tú no tienes que pagar, eso es lo que te van a dar por firmar.

El Coco Gómez no imaginaba siquiera que podía recibir un salario por hacer lo que más le gustaba. Él estaba acostumbrado con su equipo de la colonia Atlántida a pagar uniformes y arbitrajes. Doble felicidad, jugar y cobrar.

12 DE JUNIO DE 2010 — LA FAMILIA PELUCHE

En el programa *La jugada mundialista Sudáfrica 2010*, en el segmento del comediante Eugenio Derbez, se transmite un episodio del programa *La familia Peluche*, una serie mexicana de gran éxito y en la que aparece este día, como invitado, el portero del América y de la Selección, Francisco Guillermo Ochoa, como novio de la hija mayor: Bibí.

El programa trata del momento en el que los padres obligan a Bibí a que rompa con su novio, al cual no conocen y creen es un portero de un edificio:

MADRE: ¿En qué trabaja?

BIBÍ: Trabaja de portero.

PADRE: ¿De portero? Por lo menos te hubieras conseguido un conserje.

La hija, toda desconsolada, se ve obligada a asistir al campamento de la Selección para decirle a Memo que han terminado por decisión de sus padres, mientras, se da el siguiente diálogo:

MEMO: ¿Qué razón te dieron para cortarme?

BIBÍ: Dicen que eres un bueno para nada.

MEMO: ¿Lo dices por el gol que se me fue frente a Corea? Me saltó la trucha.

BIBÍ: Yo lo sé, pero ellos no te conocen, piensan que eres un vividor, un vago, que si quiero tener novio tengo que buscarme a alguien mejor". (*Sale corriendo*)

MEMO: Mejor que yo. ¿Quién?

UTILERO: ¿Oswaldo?

MEMO: Casado.

UTILERO: ¿Corona?

MEMO: Peleonero.

UTILERO: ¿*Conejo* Pérez?

MEMO: Está grande.

UTILERO: Tienes razón, no hay nadie mejor que tú.

MEMO: Ya ves, Bibí, no hay nadie mejor que yo.

13 DE JUNIO DE 1991 — EL BÍBLICO

Es brasileño, se llama Teodoro Do Santos, *Toninho,* pero todo mundo lo conoce simplemente como el Bíblico, ya que tiene la costumbre de regalar, en cada partido, una o dos biblias a los rivales que cree la necesitan.

Esta noche, el Bíblico anota dos grandes goles al Guadalajara y tres días después otros dos para contribuir a que el América consiga su pase a la final de la temporada 1990-1991.

14 DE JUNIO DE 1960 — TORNEO JARRITO

El América es campeón del torneo Jarrito de Oro, prestigiado torneo veraniego en México en la década de los sesenta. Los Azulcremas se imponen al Toluca 3-0.

Todos los goles se consiguen en la primera mitad. Al minuto 14, *Pepín* González, con un tiro fuerte y raso, vence al guardameta toluqueño. Un minuto más tarde, Pavés, con un disparo fuera del área, clava el segundo, y a los 24, Palleiro, con impresionante disparo, logra el tercero.

En la segunda mitad se desata una gran bronca y son expulsados ambos porteros, además de Lemus por América y Ramírez por Toluca.

15 DE JUNIO DE 1994 — LEO BEENHAKKER

Durante dos meses se especula sobre quién será el nuevo entrenador del América. Se barajan varios nombres, pero en los últimos días crece el rumor de que se trata de un europeo, con muchos blasones, director técnico en algún momento del Real Madrid y de la selección de su país.

El día de hoy, por fin, se da a conocer la llegada del estratega holandés Leo Beenhakker a las Águilas del América.

Nadie imagina, que, en cuestión de meses, se convertirá en uno de los entrenadores más importantes en la historia del club.

16 DE JUNIO DE 1946 — MUCHOS GOLES

Es una temporada extraña en donde prevalecen las golizas a lo largo del torneo. Una tarde un equipo puede anotar seis y a la semana siguiente le meten siete. El día de hoy culmina la misma y hay conjuntos como el Atlante que anota 121 goles y no logra el campeonato.

El América termina el torneo con la peor cantidad de goles recibidos en toda su historia con 101 y, aun así, no es la peor defensiva de la temporada, es la del Monterrey con 133 en contra.

16 DE JUNIO DE 1991 — UN GOL INOLVIDABLE

Partido de gran tensión. Es la semifinal del torneo 1990-1991 y el América elimina al archirrival Guadalajara ganándole 3-0 y global de 5-0.

Si ya de por sí la humillación a las Chivas es digno de rememorar, lo es más por el impresionante gol al minuto 10 de la segunda parte, en donde si bien el anotador es Toninho, el pase de su compatriota Edú es lo que más se recuerda.

La jugada comienza con Zague. Desde la zona defensiva del lado izquierdo manda un pase de más de treinta metros a la banda del lado derecho, en donde recibe Edú, quien se encamina al área. Al darse cuenta de que es marcado, saca un centro trenzando su pierna izquierda por detrás de la derecha para que el balón llegue en forma magistral a la cabeza del Bíblico, quien remata completamente solo. Una jugada llena de magia futbolera que demuestra, además, que Edú no utiliza la derecha ni para bajar del camión.

17 DE JUNIO DE 2019 — EL ADIÓS DEL HERMOSO

El día de hoy, Oribe *el Hermoso* Peralta, en una conferencia de prensa, anuncia que termina su relación con el América y comienza una nueva con el Guadalajara.

Esta decisión duele a unos y molesta a otros, porque en los seis años que está Peralta con las Águilas se gana el cariño del aficionado. En este tiempo, Oribe jugó 209 partidos y anotó un total de 74 goles, ganando tres Ligas con América en 2014, 2018 y 2019, así como dos Ligas de Campeones de Concacaf.

El porqué Oribe abandonó el nido para ir con el gran rival, teniendo todo en Coapa, tiene varias aristas, una de ellas es un intento de secuestro para la familia del jugador, por lo que quiere dejar la ciudad de México. Por otro lado, el América le ofrece un contrato por un torneo y Peralta quiere dos años para retirarse con las Águilas. Ante la negativa, acepta la oferta del Guadalajara que le da justo los dos años que quiere para tratar de retirase con dignidad.

18 DE JUNIO DE 2003 — EL FUTBOLISTA NÓMADA

Es un gran jugador de fútbol, excelente goleador, pero que tiene el hábito de cambiar de playera a cada rato. El día de hoy anuncia su llegada al América. Cargado de maletas, ilusiones y de su fiel amigo el gol llega al equipo tras su tormentosa salida del Cruz Azul y su breve paso por el Nacional de Uruguay.

Hasta el momento de su llegada al América, Sebastián *el Loco* Abreu ha militado en diez clubes, dos de ellos en México, Tecos y Cruz Azul. Su fama goleadora lo preside. En equipos mexicanos lleva 66 goles en 77 partidos jugados y en ambos equipos logra el campeonato de goleo. Y si algo le falta a las Águilas, es un goleador.

Desgraciadamente, su paso por el América apenas es de un semestre, Sebastián no es del gusto del entrenador y juega en 16 partidos, casi ninguno completo, y apenas logra 3 goles.

El Loco se marcha tan rápido como ha llegado. Le falta tiempo en el equipo para hacer lo que a él le gusta: goles. Y si bien no dejó el recuerdo de estos, si un legado para la posteridad. Durante su estancia con las Águilas nace, en la ciudad de México, Diego, su primogénito, que hoy en día ya es seleccionado juvenil por México y promete mucho y buen fútbol a futuro y ¿Por qué no? Tal vez con el América.

19 DE JUNIO DE 2019 — ROBAR A CHIVAS

América oficializa el fichaje de Rubén González, un mediocampista que en los últimos años juega con el Necaxa, pero que se forma y debuta en Primera División con el Guadalajara, equipo que lo quiere de regreso, pero las Águilas deciden robarlo.

González es un medio de contención originario de la Ciudad de México, pero con su formación futbolística en Jalisco, club con el que juega en la Sub-17, Sub-20, y debuta en la Liga MX con el Rebaño Sagrado enfrentando al León en el Clausura 2013.

Con el América logra en pocos meses el Campeón de Campeones de la Concacaf, algo que no pudo con su equipo de origen.

20 DE JUNIO DE 1937 — GANÁNDOLE AL BARCELONA

El Barcelona realiza una gira al continente americano. El día de hoy se enfrenta al América y, en un gran partido, los Azulcremas ganan 2-0 al conjunto catalán con goles de Luis *Tití* García y *Minamina* Puente. El encuentro se lleva a cabo en el Parque España, el árbitro es Vicente

Rubio, quien —como dato curioso— es tío del árbitro mundialista en 1982 el teniente coronel Mario Rubio.

La alineación de los equipos es la siguiente: América: Rafael Navarro Corona; Gómez, Frank; Rosas, Viejo Sánchez, Pintel; García, Corral, Tití, Ostos y Puente.

Barcelona: Iborra; Babot, Zabalo; Argemí, García, Balmanya; Vantolrá, Escolá, Gual, Tache y Munlloch.

21 DE JUNIO DE 1996 — NI A LOS TALONES

Uno de los mejores presidentes en la historia del América es Guillermo Cañedo de la Bárcena, un hombre que llegó a cambiarle la cara al equipo y que, durante los veinte años que se mantiene al frente, logra hacer del equipo una verdadera marca.

Este día, su hijo Pablo Cañedo llega al equipo para hacerse cargo justo de la presidencia, sin embargo, como bien dicen, segundas partes nunca fueron buenas y el fracaso del cachorro es evidente, ya que, durante su estadía al frente de las Águilas, fue muy poco lo que pudo lograr.

Un año tan solo estuvo en el cargo en el que no pasó absolutamente nada con el equipo. Pablo no le llegó ni a los talones a don Guillermo.

22 DE JUNIO DE 2018 — EL CHAPULÍN

Este día el América anuncia la contratación de un joven colombiano con muchos recursos futbolísticos, el delantero Roger Martínez, quien proviene del Villareal de España y que representa la carta fuerte del equipo rumbo al próximo torneo.

El Chapulín, con paso por el fútbol argentino, chino y español cuesta al América poco más de 8 millones de euros, por lo que debe responder de inmediato para desquitar su sueldo. Debuta el 22 de julio marcando un gol y tiene buenas actuaciones en el América, sin embargo, con un contrato de cinco años, tras un año y medio en el equipo, Roger pide regresar a Europa y, en medios de su país, critica al América, por lo que el dueño del equipo, Emilio Azcárraga, molesto, decide congelarlo.

Pasarían varios meses para que de nueva cuenta regresara al primer equipo con el perdón del dueño.

23 DE JUNIO DE 1999 — EL ARQUERO DE CRISTO

Adolfo Ríos, quien ha tenido brillantes actuaciones con Necaxa, llega el día de hoy a un acuerdo para firmar con las Águilas del América. Solo falta oficializarlo en el *draft*, pero el club y el futbolista ya están arreglados.

Ríos se consagra como uno de los mejores porteros en la historia del América, en donde juega por cinco años para retirase en el 2004. Con las Águilas, Ríos gana la Liga de 2002 y la Copa Gigantes de Concacaf 2001, además de ser seleccionado nacional.

24 DE JUNIO DE 1994 — BIYIK

Una de las contrataciones bomba en la temporada 1994-1995 es la del camerunés Omam Biyik, recomendado por el entrenador Leo Beenhakker. Cuando a Biyik se le habló del América de México él no sabía nada del equipo y del país solo lo que había visto en películas.

Busca en un mapa en donde está México y acepta viajar por una semana para decidir si es o no conveniente para él y su familia el firmar con el América. Biyik llega el día de hoy con la idea de encontrar por todos lados hombres a caballo, con pistolas, sombreros y largos bigotes, tal y como lo veía en las películas.

Cuando llega al Aeropuerto, mientras lo llevan al hotel en una camioneta, él se asoma buscando los caballos. Una vez instalado en el hotel, al sur de la ciudad, lo llevan a Perisur (mejor centro comercial en aquellos años) para que realice algunas compras y se sorprende, por lo que le dice a quien lo acompaña:

—Yo pensé que había caballos, bigotones y sombreros por todos lados y me doy cuenta de que no, que hay civilización y es como si estuviera en Camerún, es falso lo que las películas te dicen.

Su acompañante sonriendo, le dice:

—No te preocupes, nosotros seguimos pensando que en el continente africano todos viven en chozas rodeados de animales salvajes.

Biyik no solo se enamoró de México y su gente, sino que, además, tuvo un hijo mexicano.

25 DE JUNIO DE 2011 — LIBERTADORES SUB-20

El América es el único equipo mexicano que participa en la Copa Libertadores Sub-20, lo hace en dos ocasiones, 2011 y 2012 y en la primera de ellas queda en tercer lugar, ganándole justo en esta fecha al Alianza de Lima 1-0. El único gol lo anota el entonces joven canterano y joya del equipo Raúl Alonso Jiménez, quien además quedó en el segundo sitio del goleo individual.

26 DE JUNIO DE 1954 — SIN RESERVA, SIN BANCA, SIN TIEMPO

Durante la gira que tiene el América por Sudamérica visita países como Argentina, Paraguay, Colombia y Ecuador. En este último, el día de hoy tiene un encuentro ante el Barcelona de Guayaquil y les avisan que, en el avión de Argentina a Ecuador, solo pueden viajar once elementos, porque el vuelo fue revendido. Se toma la decisión de que vayan únicamente los titulares, sin reserva y sin entrenador.

Abordan Manuel Camacho, Norberto Iácono, Héctor Uzal, Rubelio Esqueda, Sergio Morales, Raúl Leguizamón, José *Pepín* González, Emilio Fizel, Manuel Cañibe, José Santiago y Adolfo Lugo Verduzco. Tienen tiempo de sobra para llegar y jugar, o por lo menos eso piensan.

Hay mal tiempo, pasan por Chile, el avión regresa a Mendoza y finalmente llegan a Guayaquil con apenas una hora para enfrentar al Barcelona. Arriban al estadio, se cambian mientras en los altoparlantes se dan las alineaciones. A los asistentes causa sorpresa que el equipo mexicano no tiene ni un solo elemento de cambio, ni un aguador ¡Vamos! Ni si quiera un director técnico.

Los jugadores se ponen de acuerdo, juegan a tratar de aguantar, pero rápidamente se dan cuenta de que tienen mucho más fútbol que el conjunto local y terminan ganando ¡4-1!

Al día siguiente llega el resto del equipo y no pueden creer que hayan goleado, máxime que jugaron sin reserva, sin banca, sin entrenador y sin tiempo.

27 DE JUNIO DE 2002 — EL MATADOR

Uno de los jugadores insignia del fútbol mexicano es Luis Hernández, el famoso Matador, máximo anotador mexicano en una Copa del Mundo con 4 tantos. Esto ocurre en Francia 1998.

Luis está considerado como un ídolo del Tricolor, en donde juega mucho mejor que en los distintos equipos en los que milita. El día de hoy el Matador, quien acaba de regresar de la Copa del Mundo del 2002, es dejado en libertad por el América, ya que Luis, quien gana 100 000 dólares mensuales, quiere un aumento, mientras que los directivos del club, por considerar que el jugador ya viene en declive, le ofrece una reducción de su sueldo.

Al no llegar a un acuerdo, el jugador queda en libertad de firmar con cualquier conjunto, pero ninguno puede pagar lo que el internacional mexicano pide y termina quedándose seis meses sin pisar una cancha.

Después regresa al fútbol con Veracruz, pero ya nada es igual. Muchos consideran, incluyendo el propio Luis, que debió de retirarse en el América, equipo al que además era fanático desde pequeño.

28 DE JUNIO DE 2019 — AFRO-MEXICANOS

El día de hoy, la Cámara de Diputados aprueba una reforma al artículo 2º constitucional en la que se reconoce a los pueblos afrodescendientes de México. Esto se da tras casi treinta años de lucha de los afromexicanos, que después de casi quinientos años de ser parte de nuestro país, aunque parezca broma, hasta 2015, han sido oficialmente inexistentes.

El Club América, a lo largo de su historia, ha tenido grandes jugadores afromexicanos, algunos de ellos de padres mexicanos y otros de padres brasileños o africanos, entre los más destacados se encuentran: Roberto *el Monito* Rodríguez, Eduardo Rergis, Adrián Chávez, José *Cocodrilo* Valdés, Luis Roberto Alves, *Zaguinho,* y Giovani Dos Santos y a la espera de una oportunidad está Emilio Omam-Biyik.

29 DE JUNIO DE 1918

Hace unos días el América se fundió al Club Unión tomando su nombre (aunque todavía no en forma oficial ante la Liga) y para celebrarlo se realiza el día de hoy, en unos terrenos de la calle Ponciano Arriaga, en improvisadas tribunas, un festival deportivo, en donde se verifica un partido de béisbol Águila vs Unión, carreras de bicicletas con obstáculos, carreras en costales y un partido de fútbol, enfrentando al primero contra el segundo equipo del América y que termina empatado a un tanto.

30 DE JUNIO DE 1918 — LA CASA CLUB

Con gran fiesta se inaugura el local social del club en Puente de Alvarado 88, en la Colonia San Rafael. Para la inauguración se lleva a cabo una misa solemne oficiada por el Vicario General de la Mitra. En el acto, los 150 socios activos del nuevo centro reciben la Santa Eucaristía finalizando con un Fibra América.

JULIO

---

1 DE JULIO DE 2018 — SEÑOR GOBERNADOR

Sorpresivamente, en las elecciones estatales del estado de Morelos, el exfutbolista Cuauhtémoc Blanco, quien decide contender por el cargo del gobernador de Morelos, gana por amplio margen.

El famoso Cuauh, mejor futbolista mexicano de los últimos treinta años, participa con el partido de centro derecha Encuentro Social, cuyo único triunfo en su corta historia es esta gubernatura, votos que obtiene gracias al carisma y fama del candidato y no por razones políticas.

Al no alcanzar los votos suficientes a nivel nacional que dicta la ley, en el 2019 el partido desaparece y el gobernador queda como independiente.

---

2 DE JULIO DE 2001 — ADIÓS NINEL

Termina la relación sentimental entre el futbolista del América, el defensa Duilio Davino, y la actriz mexicana Ninel Conde, a la que se le conoce como Bombón Asesino, misma que no era del agrado de los papás del futbolista.

Duilio viene de una familia tradicionalista que no gusta de los excesos de la actriz. Ninel comienza su carrera cuando gana el concurso Señorita Estado de México en 1995. Cuando sale con Duilio, ella actúa en la telenovela de TV Azteca *Como en el cine*, en el papel de Helena Topacio, *la Matadora*. Si de por sí no les gusta el que sea actriz, divorciada y con un hijo, todo estalla cuando Ninel aparece en una fotografía mostrando su recién operado busto y, ante la presión, Davino decide cortar con la actriz y cantante.

---

3 DE JULIO DE 1981 — LA LLEGADA DE DIEZ BARROSO

Luego de veinte años en la presidencia del América, el día de hoy,

Guillermo Cañedo presenta a su sucesor, Emilio Diez Barroso. El nuevo presidente es sobrino del dueño de Televisa, don Emilio Azcárraga Milmo, además es alto ejecutivo en la empresa.

Americanista de hueso colorado, Diez Barroso llega con la consigna de cambiarle por completo la cara al equipo, ya que, si bien Cañedo tuvo muchos y muy variados éxitos, hacía tiempo que el América no ganaba nada.

De la directiva, solamente conservaron su puesto *Panchito* Hernández y Ramón Martínez y se incorporó de manera exitosa Gonzalo Carbajal. Muchos cuestionaron la salida de Cañedo, pero el nuevo presidente y su equipo lograron al América más exitoso de la historia en la década de los ochenta.

---

3 DE JULIO DE 1988 — CAMPEONATO GANADO

Se repite la final de la temporada 84-85. Pumas contra América, en un duelo esperado por la afición que vive estos encuentros con entusiasmo por lo que los dos cuadros representan en el fútbol mexicano.

El partido de ida el 30 de junio lo ganan los Pumas 1-0. El día de hoy se enfrentan en el Estadio Azteca y de aquí saldrá un campeón.

Pumas comienza a jugar suelto, alegre, con un Manuel Negrete en todo su potencial ofensivo, sacudiendo varias veces la cabaña de las Águilas. Las banderas universitarias ondean en todo lo alto esperando la consagración del gol, pero este llegó por parte del cuadro que estaba siendo dominado, el América.

La anotación causa desconcierto en las filas universitarias, pero se recuperan tras conseguir el empate. América entonces necesita cuando menos dos goles para lograr el campeonato.

Llega el medio tiempo y, obligadas como nunca, las Águilas echan mano de su amuleto *el Fanny* Munguía, muy importante en el campeonato pasado. Y el talismán funciona. Al minuto 50, un descuido en el área Puma es aprovechado por Gonzalo Farfán que, con un tiro débil, logra colar el balón en la portería defendida por Ríos.

Tan solo un minuto después, Adrián Camacho suelta un disparo raso que es arañado por los dedos del portero, pero nada puede hacer. El América se encuentra arriba 3-1.

Las tribunas se tiñen de Azul y Amarillo. Al minuto 66, Munguía realiza una de sus coladas mortales por el lado izquierdo, gambetea a dos jugadores, se los quita de encima y se mete de lleno al área pegado a la línea de meta.

Miguel España solo atina a estirar el brazo para jalarlo y evitar así la caída de su meta. El árbitro marca atinadamente el penal y lo cobra impecablemente Antonio Carlos Santos. El resultado final es 4-1.

Un triunfo contundente que culmina una larga temporada. El líder indiscutible logra saborear una vez más las mieles del triunfo. América alza una vez más el trofeo al campeón del fútbol mexicano.

Los jugadores que disputan este último encuentro son: Adrián Chávez; Manolo Rodríguez, Guillermo Huerta, Alfredo Tena y Efraín *Cuchillo* Herrera; Adrián Camacho, Cristóbal Ortega, Antonio Carlos Santos y Gonzalo Farfán; Robinson Hernández y Carlos Hermosillo. Entran de cambio *Fanny* Munguía y Roberto Alderete.

---

4 DE JULIO DE 1923 — EL MONTE ARRUIT

El Club América y el Club España disputan un partido en beneficio de los soldados españoles de África, quienes sufren enormes pérdidas en la batalla del Monte Arruit, en 1921, en donde esperan una ayuda que jamás llegó, por lo que hay miles de muertos. Los Azulcremas ganan y se llevan el trofeo otorgado por la colonia española, mientras que el dinero de recaudación va a una causa justa.

---

5 DE JULIO DE 2017 — FUERZA ÁGUILA

El América se encuentra en el llamado Tour Águila por los Estados Unidos, teniendo partidos de preparación y en esta ocasión enfrenta al Santos de la Laguna en el Dick's Sporting Goods Park de Denver.

El encuentro es emocionante y las Águilas logran el triunfo 3-1, sin embargo, lo curioso es que la botarga de los Broncos de la NFL invita a Fuerza Águila, la mascota del América para dar un recorrido por el estadio e intercambiar camisetas.

Un hecho curioso: al final, ambas mascotas posan al más fiel estilo de Cuauhtémoc Blanco.

---

6 DE JULIO DE 2019 — POR FIN GIO

Hace tiempo que el América busca un fichaje espectacular. Giovani Dos Santos, exjugador del Barcelona, campeón del mundo Sub-17 en el 2005, hijo de Zizinho, quien fuera jugador de las Águilas en la década de los ochenta y que siempre declaró su americanismo, llega por fin al club.

El fino mediocampista, con un paso efímero en la MLS, jamás ha jugado en el fútbol mexicano. No hay que olvidar que, desde muy joven, junto con su hermano, fue firmado por el Barcelona, en donde se hizo futbolista al lado de elementos como Ronaldinho, Rafael Márquez

y Lio Messi.

El anuncio de la firma de Giovani es hecho por las redes sociales, revelando la misma en partes. Primero, se muestra un jersey estampado con el número 10, pero sin nombre.

Después, aparece un video en Twitter en donde varios jugadores ponen su firma acompañado por una pregunta:

"¿Quién falta por firmarla?".

Finalmente, Enrique Bermúdez, comentarista de Televisa, aparece con la playera 10 diciendo: "¡Fírmala, Gio!".

Más tarde, Giovani ya es el nuevo 10 del América. ¡Bienvenido, Gio!

7 DE JULIO DE 1998 — ¿VILLA A ESPAÑA?

Sorpresivamente hoy se anuncia la contratación del defensa americanista, Germán Villa, por parte del Espanyol de Barcelona. Germán, es un estupendo jugador, muy disciplinado, trabajador, mundialista, sin embargo, hay otros defensas mexicanos que tienen tal vez mayores cualidades para jugar en Europa, pero al entrenador Marcelo Bielsa le parece que Villa es un hombre clave en su esquema en el equipo español.

Germán jugó 12 fechas de la liga española y lo hace de manera extraordinaria, titular indiscutible, elemento de confianza del *Loco* Bielsa. Todo marcha bien, pero algo pasa que obliga a Villa a regresar antes de lo previsto.

Resulta que en España existe el manejo de imagen, que es parte del contrato que se hace con el jugador. El equipo español pide al América los derechos de imagen de Villa, mismos que en nuestro país por aquel entonces no existen, pero un directivo vivales se aprovecha y pide una millonada por 'liberar' al jugador.

Era tal la cantidad que el Espanyol le dice al futbolista que, si no consigue que el club le libere sus derechos, tendrá que desistir de la contratación.

Villa está en verdad molesto porque sabe que hay algo raro y que alguien trata de aprovecharse de la situación. Jamás se divulga quién era el responsable, pero Germán prefiere dejar al equipo y regresar a México que darle ganancias a alguien que no se lo merece y que afortunadamente ya no está en el América.

Así termina el sueño europeo de Villa, que pintaba muy bien, pero que por un vivales concluyó abruptamente.

8 DE JULIO DE 1972 — EL DÍA QUE EL AMÉRICA DESCUBRIÓ A CRISTÓBAL

"El profesor Gálvez fue a buscarme (había dejado los juveniles del América para estudiar el CCH en la UNAM) y me invitó a jugar el Torneo de los Barrios con el Unión Coapa, la reserva especial de América.

Salimos campeones y como premio nos llevaron a Brasil. Allá nos enfrentamos a la reserva del Botafogo, que traía jugadores profesionales, y empatamos a dos. Zagallo era el entrenador del primer equipo y se acercó a ver el partido y le preguntó a su asistente que porqué estaba un jugador brasileño apoyando a los mexicanos y le pidió que me llevara con él porque era muy bueno.

El asistente le dijo que no era brasileño, que era mexicano, y Zagallo dijo: "Es un Garrinchita y así se me quedó por mucho tiempo"

Este día los Azulcremas decidieron extenderle un contrato a Ortega. Los libros de texto dicen que Cristóbal Colón descubrió América, pero casi quinientos años después el América descubrió a Cristóbal.

9 DE JULIO DE 1933 — INICIA LA COPA

Instituida este año, la Copa México fue un regalo del General Lázaro Cárdenas, en ese entonces candidato a la presidencia de México. La Copa México es un sustituto de la antigua Copa Tower que se venía disputando desde 1907.

Durante su gestión como presidente, Cárdenas siguió la costumbre de donar el trofeo, inclusive, en más de una ocasión asistió a la final del torneo en compañía de su Jefe de Ayudantes, el coronel José Manuel Núñez.

El América debuta el día de hoy en la primera edición ganando 9-2 al Sporting Club. Rafael Noriega es el primer jugador en la historia americanista en anotar gol en un torneo de Copa.

10 DE JULIO DE 1955 — LA MUDANZA

Después de varios años jugando en el estadio de Ciudad de los Deportes, el América se muda al estadio de Ciudad Universitaria, recinto en el que juega desde 1955 hasta 1966. En su primer partido como local pierde 1-2 con el equipo Oro de Guadalajara.

Este inmueble es catalogado como Patrimonio Cultural de la Humanidad, llamado por el arquitecto y diseñador Frank Lloyd Wright como el edificio más importante de la América Moderna. En sus taludes resalta el mural de Diego Rivera *La universidad, la familia y el deporte*.

El América se coronará en este estadio en la temporada 1965-1966.

---

11 DE JULIO DE 1993 — LOS SIETE DE ZAGUE

Uno de los jugadores más valiosos del equipo América es, sin duda, Luis Roberto Alves, *Zaguinho*. Este día, disputa un partido para la selección mexicana y le anota 7 goles a la selección de Martinica en un duelo de la Copa Oro durante la fase de grupos.

Zague aparece desde el minuto 1, las demás anotaciones se dan en los minutos 21, 29, 54 ,76 ,84 y 90. Los hace con derecha, de izquierda, de rebote, de primera intención, con sombrerito, desde fuera del área, aprovechando un error del portero, de volea ¡Vaya! Solo le faltó un remate de cabeza.

Luis Roberto termina el torneo como máximo anotador con 11 tantos y, hoy por hoy, está entre los mejores goleadores en la historia de la selección nacional.

---

12 DE JULIO DE 1985 — EL DEBUT DE PELÁEZ

En la historia del América, pocos han sido los jugadores que el día de su debut han anotado: Javier Aguirre, Carlos Hermosillo, Edson Astivia, Juan Mosqueda y Ricardo Peláez.

Este último lo hace justo en esta fecha ante el equipo Ángeles de Puebla. Su caso es curioso porque no está en fuerzas básicas, viene de una liga amateur, se prueba en el América y debuta casi de inmediato y con el paso del tiempo, ya retirado, llega a ser presidente deportivo del club, ganando títulos tanto como jugador como directivo.

---

13 DE JULIO DE 1953 — UN FERRARI EN EL AMÉRICA

El América llega a un acuerdo con el argentino Héctor Ferrari, símbolo de River Plate que, tras 17 años en ese club, decide firmar el día de hoy con el cuadro mexicano.

La historia de porqué quiso llegar a tierras aztecas es muy significativa. En una gira del River Plate en 1950, Ferrari es uno de los mejores elementos, juegan 9 partidos en la ciudad de México y 1 en Guadalajara. El Club España le ofrece una comida de despedida al River Plate en su Casa Club y ahí Héctor conoce a Guadalupe, una chica mexicana, y quedan prendados.

El River tiene que marchar a la Argentina y Héctor se cartea todos los días con Lupita por dos largos años. En 1952 tiene la oportunidad de venir a México a pasar un mes de vacaciones y le cuesta mucho trabajo marchar de regreso, está completamente enamorado.

Antes de partir, le deja una carta poder al marido de una actriz argentina, Amanda Ledezma, para que le busque acomodo en el fútbol mexicano, sea como sea.

Meses más tarde le da la buena nueva de que el América se interesa por sus servicios. Héctor no lo piensa dos veces, deja River y viaja a México para firmar con la escuadra americanista.

Cinco meses más tarde, Héctor Ferrari y Lupita Corral se casan.

---

14 DE JULIO DE 1949 — SALVANDO EL ORGULLO

Último partido de la temporada 1948-1949, el América enfrenta una crisis económica que lo tiene a nada de la bancarrota. Este año, su máxima estrella por muchos años, Octavio Vial, no juega con los Cremas, a punta de billetes es arrebatado por el Atlante y justamente es su rival este día en el que varios jugadores azulcremas, por falta de pago, han amenazo con no presentarse a jugar, pero solo fue eso, amenaza.

Hoy se juega el orgullo. Atlante, América y Tampico pelean por el nada honroso último lugar de la tabla. Tampico ya jugó y perdió su encuentro ante el Puebla. Termina con 22 puntos, por 21 de América y Atlante. El partido juega un significado mayor.

El América, con todo y su problemática monetaria, sale a la cancha como si del campeonato se tratara y cada jugador lo da todo, hasta el último gramo de esfuerzo y la última gota de sudor.

Al finalizar el partido, el marcador señala un empate a dos. Los goles americanistas son de Quezada y del debutante Luna, quien anota un impresionante gol de media distancia.

Así, empatados en 22 puntos, por diferencia de goles, Tampico ocupa el último lugar de la tabla, seguido por Atlante y 'salvando el honor' el América en una de sus peores temporadas en la historia.

---

15 DE JULIO DE 2019 — LIMPIANDO EL PLANETA... Y EL ESTADIO

Monumental 16, una de las porras más impresionantes del fútbol mexicano y que nace en abril de 1999, toma la decisión el día de hoy, en una junta, que después de cada partido se dedicarán a levantar toda la basura que generen:

"Si el Azteca es nuestra casa, dejémosla limpia".

Días más tarde, en la primera fecha del Apretura 2019, en el partido América contra Monterrey que se gana 4-2, la Monumental 16 cumple a carta cabal y mientras unos sostienen sus bolsas, otros las llenan

con todo lo que recogen entre las tribunas, dejando las mismas más limpias que cuando llegaron al estadio.

Momentos más tarde, en su página de Facebook, con las fotos del estadio limpio, escriben:

"Si Todos ponemos un granito de arena podemos cambiar nuestro entorno, esperando que esto pueda multiplicarse en todos los lugares públicos".

16 DE JULIO DE 1989 — EL QUINTO DE LA DÉCADA

Los partidos disputados entre América y Cruz Azul siempre son emocionantes. El odio creciente entre ambas escuadras llena los estadios en donde se presentan. Este día, con el clímax de la pasión, los aficionados ven colmadas sus aspiraciones al ver enfrentados nuevamente en una final a estos conjuntos.

El primer encuentro se lleva a cabo el día 13 y América gana 3-2. El día de hoy es el definitivo. Las Águilas buscan su segunda corona consecutiva, mientras Cruz Azul, tras diez años de brega constante sin conseguirlo, quiere refrendar viejos laureles.

Las acciones se desarrollaron candentes a lo largo del encuentro y el marcador se abre apenas al minuto 6 cuando Juan Hernández sale de la defensa para dar el primer gol a las Águilas. La loza sobre Cruz Azul parece definitiva, el marcador global es de 4-2, pero los azules dan un excelente encuentro y al minuto 20 logran el empate y al 27 otro más, poniendo las cosas 2-1 a su favor.

América entonces echa mano del overol. Sus jugadores comienzan a jugar como verdaderos obreros dentro de la cancha. Todos atacan y todos defienden. Cruz Azul está crecido pero el cuadro crema apaga el fuego en todos los terrenos de la cancha.

La filosofía del América es darlo todo y aun cuando el cuadro celeste se ve más armado, con más fuerza y mejor llegada, las águilas sacan lo mejor de sí mismas, su casta de tradición añeja, legendaria, en los momentos más precisos.

En el minuto 77 el balón cae en los pies de Antonio Carlos Santos. Las filas azules están adelantadas y Santos, cual saeta, arranca por toda la banda izquierda. Deja a uno, a dos y a tres cruzazulinos regados por el campo y lanza un centro preciso a Carlos Hermosillo, quien desborda por el otro lado.

Hermosillo cruza de pierna derecha un disparo impresionante para dejar al portero sin oportunidad. El balón se coloca en la red y las Águilas saben que el título está en la bolsa de nueva cuenta.

Los hombres de hierro que ven acción son: Adrián Chávez; Juan Hernández, Guillermo Huerta, Alfredo Tena y Cecilio de los Santos;

Antonio Carlos Santos, Gonzalo Farfán y Cristóbal Ortega; Alex Domínguez, Carlos Hermosillo y Zaguinho. De cambio ingresaron Jesús Córdova y Carlos Seixas.

El América es bicampeón, tiene en sus alforjas 8 títulos en la época profesional y 4 títulos de la época amateur. Cinco de sus títulos se dan en esta década y, sin saberlo, es el fin de una época de glorias que tardará en reverdecer.

---

17 DE JULIO DE 1938 — EL PIRATA FUENTE

Hijo de padre español, Luis de la Fuente nace en el Puerto de Veracruz. El progenitor tenía un negocio de barcos en este lugar, en donde Luis jugaba con parche en ojo y espada de madera, por lo que el mote del Pirata le cae como anillo al dedo.

Luis de la Fuente juega sus primeros partidos en el equipo España de Veracruz, de donde también fue mascota. Cursa sus primeros estudios en Santander y Extremadura, en España. Su padre lo manda a forjarse un futuro, pero Luis se dedicó a pulir su estilo como futbolista.

De regreso a México, se fuga del colegio para jugar con el Aurrerá. Fuente pasa al España, en donde además de títulos, es seleccionado para la eliminatoria del Mundial de Roma en 1934.

En España tiene una oferta para quedarse en el fútbol de aquel país y juega en el Racing de Santander. Una de sus máximas satisfacciones es anotarle un precioso gol al magnífico portero de la selección española y del Real Madrid, Ricardo Zamora, en ese momento el mejor portero del mundo.

Fuente regresa a México en 1935, enrolándose de nueva cuenta en el equipo España. Por problemas con dirigentes de su club, dada su no muy aprobada vida particular —de mujeres y bohemia— es dado de baja y el día de hoy firma con el América, en donde juega una temporada y contribuye de manera significativa para la obtención del campeonato de Copa.

En la historia del fútbol mexicano los máximos ídolos a nivel nacional en la delantera han sido Pirata, Casarín, Borja y Hugo Sánchez. Todos, en algún momento, jugadores del América.

---

18 DE JULIO DE 1974 — LA INVITACIÓN DEL REAL MADRID

Carlos Reinoso, uno de los ídolos del América, participa con la selección de Chile en el Mundial de 1974. Tras la Copa del Mundo, Reinoso decide ir a pasar unos días a España porque ha sido contactado por el Real Madrid, equipo que lo invita para que conozca las instalaciones.

El día de hoy recibe una oferta concreta para firmar con el equipo cuanto antes. Carlos, ilusionado, habla a México con *Panchito* Hernández para decirle que el club Merengue quiere sus servicios y que ya están alistando el papeleo para hacerle llegar al América la propuesta.

No han transcurrido más que algunos minutos cuando, en el hotel, Carlos recibe una llamada, es ni más ni menos que del dueño de Televisa y del Club América, Emilio Azcárraga Milmo, quien solamente le dice:

"Si no regresas en dos días, no vuelves a jugar al fútbol".

Eso basta para que Reinoso regrese en el primer vuelo directo a México y se olvide del Real Madrid.

---

19 DE JULIO DE 1930 — GOL MUNDIALISTA

La selección mexicana juega en la I Copa del Mundo de Uruguay 1930. El día de hoy México disputa su último partido de la justa, el rival es Argentina y Roberto *la Pulga* Gayón mete un gol de cabeza al minuto 76. Es el primer jugador del América en anotar en un Mundial.

---

20 DE JULIO DE 1989 — CAMPEÓN DE CAMPEONES

El día de hoy el campeón de Liga, América, y el campeón de Copa, Toluca, juegan por el título de Campeón de Campeones.

Es un interesante partido, en el que el América domina y hace lo que quiere y el Toluca pone entusiasmo y deseo, pero el fútbol no le alcanza.

Al minuto 23, en un tiro de esquina por el lado izquierdo, cobrado por Santos, el Grandote de Cerro Azul, Carlos Hermosillo, salta y con un certero cabezazo logra el primero.

Los diablos tienen su oportunidad cuando comienza el segundo tiempo. El árbitro marca un penal y el Tuca Ferreti lo cobra, pero afortunadamente Adrián Chávez desvía. Por fin, al 63, el Toluca logra el empate.

Llegan los tiempos extra y apenas se juegan los primeros minutos, Seixas aprovecha un balón cedido por la defensa choricera y consigue el segundo y definitivo.

Las Águilas juegan con Adrián Chávez; Juan Hernández, Guillermo Huerta, Álex Domínguez y Cecilio de los Santos; Cristóbal Ortega, Carlos Santos (Adrián Camacho), Córdoba y Gonzalo Farfán; Seixas y Carlos Hermosillo (Munguía).

21 DE JULIO DE 1975 — ADIÓS ROCA

América consigue su único punto en el torneo de Copa ante los Pumas el día 20 y ante la molestia del dueño y de la afición, el día de hoy, se decide algo que parecía imposible por su cercanía y amistad con el presidente y directivos del club, el cese del míster José Antonio Roca, quien tiene en el cargo 206 partidos dirigidos consecutivamente y un título de liga, además del cariño de todos los jugadores.

22 DE JULIO DE 1959 — LA LLEGADA DE AZCÁRRAGA

Don Isaac Bessudo, dueño de la compañía de refrescos Jarritos y Chaparritas del Naranjo, lo es también del Club América, pero ya no puede con el mismo porque el equipo tiene muchas deudas.

Emilio Azcárraga Milmo decide adquirirlo y el día de hoy se realiza la compraventa definitiva. Designa a David Pastrana, Antonio Azuela y al Licdo. Emilio Echevarría para que manejen la dirección del equipo y mantiene como entrenador a Fernando Marcos, pero abre la chequera para que el América sea ya un conjunto de primer nivel.

23 DE JULIO DE 1995 — MEMO EL ARQUERO

Guillermo Ochoa, a sus diez años, juega como centro delantero en la Escuela del Club América. El día de hoy, sin embargo, el destino le tiene guardado su futuro.

El joven portero de su equipo faltó por una lesión y su entrenador preguntó a los chiquillos quién se quería poner en el marco y Memo, sin pensarlo, alzó la mano.

Como delantero no tenía asegurada la titularidad, pero de arquero jugó todo el partido. A partir de aquella tarde, con sus diez años encima, Paco Memo se adueña de la portería. Sus cualidades innatas, el alcance de sus brazos y sus lances felinos lo encumbran con el tiempo hasta llegar a lo que es, un ídolo del americanismo y del fútbol mexicano.

24 DE JULIO DE 1938 — EL PRIMERO DE COPA

El día de hoy el América gana su primer torneo de Copa. En la final vence al Club España 3-1 con goles de Enrique Ostos, Armando *el Negro* Frank y Octavio *la Pulga* Vial.

Como dato curioso, en este día nace el grito de ¡Olé! y ¡Torero, Torero! La cosa se da así: Rafael Mollinedo es un portero de lances fantásticos y espectaculares. Durante esta final el conjunto Azulcrema va ganando y, casi al terminar el partido, el árbitro marca un penal a favor de los hispanos.

El *Pato* Gual, centro delantero del España, toma el esférico y, al irlo a acomodar, se burla de Mollinedo. Este, molesto, se para frente a las tribunas de sombra, se quita la gorra con la que portereaba y la lanza al público brindando, cual torero, el penal.

Gual tira y Mollinedo la desvía a un lado. El árbitro ordena la repetición del disparo. Mollinedo la vuelve a desviar. Gual contrarremata, y el portero americanista malabarea la pelota y finalmente se la queda y lanza el balón al público. La tribuna, enloquecida y sintiéndose en la plaza de toros, grita:

"¡Ole! ¡Torero, torero!".

Y Mollinedo agradece caravaneando. Termina el partido y el guardameta es sacado en hombros por los aficionados.

---

25 DE JULIO DE 1971 — LA PRIMERA FINAL

La Federación Mexicana de Fútbol, luego del éxito de la Copa del Mundo de 1970, decide cambiar el formato de Liga y tras muchos años de que el campeón sea el equipo que logre más puntos a lo largo del torneo, como en todas partes del mundo, se opta por la creación de una liguilla en la que el campeón salga de una serie de partidos entre los equipos calificados a la misma. En este caso, siendo la primera vez que ocurre, se armaron dos grupos y el primer lugar de cada uno jugó la final.

El día de hoy se da el primer partido de este tipo. Es el encuentro de ida de la gran final, se disputa entre Toluca y América en el estadio Luis Gutiérrez Dosal y el partido termina empatado a cero.

---

26 DE JULIO DE 1959 — EL PRIMERO DE AZCÁRRAGA

Se juega el primer partido del América bajo la administración de la familia Azcárraga, dueña de Telesistemas de México, hoy Televisa.

El encuentro es América-Zacatepec que pertenece a la jornada 5 del torneo de Liga y ganan los Azulcremas 4-3, con goles de *Paco* Valdés, Mario Pavés en dos ocasiones y Juan Soto.

Como anécdota curiosa, el Zacatepec tiene como presidente a Guillermo Cañedo y como director técnico a *Nacho* Trelles, quienes dos años después llegarán al América.

La primera alineación bajo la nueva directiva es: Walter Ormeño; Juan Bosco, Alfonso Portugal, Juan Manuel *Gato* Lemus: Juan Arrieta, Pedro Nájera; Paco Valdés, Juan Soto, Eduardo González Palmer, Mario Pavés y José *Pepín* González.

27 DE JULIO DE 1924 — TODO POR UNA BRONCA

El América llega con la gran oportunidad de ganar su primer título de liga, juega contra el Real Club España. Quien gane el día de hoy se queda con el campeonato.

El encuentro es muy cerrado cuando comienza una gran bronca gestionada por los hispanos y, finalmente, el España se queda con el título de nueva cuenta.

Un año más tarde vendrá la venganza americanista.

28 DE JULIO DE 1949 — EL ADIÓS DE RÉCORD

Rafael Garza Gutiérrez, *Récord,* anuncia que el partido de Copa que se perdió ante el España unos días atrás fue el último en el que dirigiría al América:

"Es hora de que lleguen hombres con nuevas ideas y las ganas de hacer historia con el club y de que nos hagamos a un lado quienes ya dimos todo lo que estaba a nuestro alcance".

Rafael tiene el récord de partidos dirigidos con el América con un total de 318 en siete diferentes etapas, desde 1917 hasta 1949, logrando en ese tiempo un bicampeonato, 1924-1925 y 1925-1926.

En ese tiempo, en varias temporadas fue jugador y entrenador al mismo tiempo. Además, llegó a ser entrenador de la selección mexicana y directivo americanista.

29 DE JULIO DE 2013 — LA MUERTE DE CHUCHO

Una de las noticias más tristes que ha sacudido al fútbol mundial, y que sobre todo se siente en el América, es la muerte el día de hoy de Christian *el Chucho* Benítez, goleador de los últimos años en el equipo.

El Chucho llegó en el 2011 a las Águilas a un costo de 10 millones de dólares, la cifra más alta hasta ese momento en el fútbol mexicano, pero completamente redituables ante lo que hizo en el equipo.

Campeón de goleo en tres ocasiones con el América, campeón de liga. Benítez abandona el nido para buscar nuevos horizontes y en el apogeo de su carrera fallece por un paro cardiorrespiratorio en un país

extraño, con un idioma extraño y con muchas interrogantes de si se pudo hacer algo para salvarlo o no.

30 DE JULIO DE 2000 — CELESTE

El día de hoy se juega el primer partido del torneo de Liga Verano 2000, el América gana 4-3 al Morelia, algo que podemos considerar normal, pero lo anecdótico es que se presenta en sociedad por primera vez a Celeste, un águila de año y medio que es, a partir de este momento, la mascota del América y del propio Estadio Azteca.

Celeste vive en Coapa, en donde se encuentra la Casa Club y canchas de entrenamiento de las Águilas, buscando que esté cerca de los jugadores. Es, sin duda, la consentida del nido.

Su historia es curiosa, su dueño —americanista, por cierto— la entrena en el Ajusco y un fin de semana se juega un partido muy cerca de ahí. Al lado de la cancha dejan un balón y el Águila, que da unas vueltas, ve el esférico y se para justo encima, llamando la atención de los presentes.

Omar, su dueño, la lleva a 'probarse' al Club América y se queda de inmediato. El nombre del ave fue elegido por la hermana de Emilio Azcárraga Jean, dueño del equipo. El primer día que la llevaron al Azteca fue durante la semifinal entre América y Boca Juniors, pero aquella noche no voló, solamente se dedicó a mirar el partido. Si el equipo hubiera llegado a la final de la Copa, aquella noche Celeste habría surcado los cielos, pero tuvo que esperar unas semanas para hacerlo y qué mejor que con un triunfo.

31 DE JULIO DE 1955 — HORACIO CASARÍN

Debuta con el América y ante el Irapuato el gran ídolo del fútbol mexicano, Horacio Casarín, quien lleva a cuestas casi veinte años de una trayectoria envidiable, campeón de goleo, mundialista y, por si fuera poco, actor. Lo recordamos en *Los hijos de don Venancio*, de Joaquín Pardavé, en donde interpreta a Horacio Fernández, un jugador del Atlante.

Muchos piensan que la contratación es errónea porque Casarín ya va de salida, sin embargo, sus trece goles en el campeonato le dan la razón a quienes apostaron por llevarlo al equipo Azulcrema.

AGOSTO

1 DE AGOSTO DE 1971 — GANANDO BAJO EL NUEVO FORMATO

La fiesta corre a cargo del conjunto Azulcrema, que celebra con champaña la conquista de su sexto campeonato. Los hombres que participan en la gran final son: Prudencio *Pajarito* Cortés; René *Popeye* Trujillo, Antonio Zamora, Mario *Pichojos* Pérez y Guillermo *Campeón* Hernández; Roberto Hodge, Toninho y Carlos Reinoso; Roberto *Monito* Rodríguez, Enrique Borja, Juan Manuel Borbolla y entró de cambio Horacio López Salgado.

El América domina el encuentro de manera apabullante, y aun cuando el Toluca tiene sus oportunidades, la defensa millonaria se comporta a la altura de las circunstancias. La escuadra capitalina juega con el sello de la casa, atacando la mayor de las veces posibles y creando jugadas peligrosas aún desde la defensa misma.

Toluca comienza muy bien, toca el balón, controla el partido y tiene llegadas peligrosas, pero el América, de la mano de Carlos Reinoso, se apropia del balón armando magníficas jugadas.

Al minuto 13, Reinoso cobra un tiro fuera del área que toma Toninho en el rechace. El brasileño toca a Reinoso y, de un hermoso zurdazo, incrusta el esférico en el ángulo superior izquierdo, pegado al palo para que el portero choricero nada pueda hacer. De ahí en delante, el dominio fue totalmente crema.

El segundo gol cae en el minuto 75 cuando Trujillo toca un balón largo para Borbolla, quien sin chistar lo acomoda hacia el otro extremo por donde entra *Monito* Rodríguez, este a su vez envía un centro venenoso, esperando a ver quién lo firma. El mismo Borbolla, que arremete por el centro, toma el esférico y burla al portero, toca con suavidad para que Horacio López Salgado coloque el balón dentro de la red y dé el marcador definitivo.

El partido está resuelto. América es campeón del fútbol mexicano bajo el nuevo formato de las liguillas.

1 DE AGOSTO DE 1977 – LA OPERACIÓN

Es lunes por la mañana y Carlos Reinoso se presenta en el noticiero *Hoy mismo*, que se transmite en Canal 2, en Televisa, para hacer una demostración, junto con unos niños, del balón oficial de la Escuela de Fútbol del Club América y que consiste en una pelota que va atada a una especie de liga y que sirve para practicar las dominadas sin que se te caiga la misma.

Está terminando la demostración y el comentarista de fútbol Juan Dosal invita a Reinoso a que se quede un rato para hablar de fútbol, pero este le dice:

"No puedo, te dejo, me voy al sanatorio porque me van a operar las rodillas".

Y Dosal se queda mudo. ¿Cómo es que este personaje está dando demostración de manejo de balón si en un rato más lo tienen que operar y de ambas rodillas?

Pues así es. Reinoso sale del estudio de televisión y se va manejando al sanatorio en donde el Dr. Aurelio Pérez Teuffer lo está esperando para intervenirlo quirúrgicamente.

La operación de ambas rodillas es un éxito y aunque el médico dice que tiene que esperar tres meses para comenzar a tocar un balón, el futbolista, dos meses más tarde, ya está jugando ante la incredulidad del doctor y de la afición misma.

2 DE AGOSTO DE 1999 – REVISTA SOCIO ÁGUILA

Aparece el primer número de la nueva revista oficial del América, llamada *Socio Águila* con periodicidad trimestral, que posteriormente se vuelve mensual. La publicación se puede conseguir de dos formas: comprándola en puestos de periódicos por $20,00 o en forma gratuita si se es parte del programa Socio Águila que, con una suscripción anual, te da descuentos en boletos, la facilidad de asistir a entrenamientos y otras promociones. La revista *Socio Águila* duró de 1999 a 2011.

3 DE AGOSTO DE 2005 – LAS ESCUELAS DEL AMÉRICA

Hacia agosto del 2005 el América cuenta con 149 filiales, que no son otra cosa que escuelas de fútbol reconocidas por el club y en donde los profesores son generalmente exfutbolistas que han salido de las mismas Águilas.

Este día se inaugura la filial 150 y es, además, fuera del país, en Long

Beach California, en donde, por cierto, con el paso del tiempo, se convierte en uno de los principales centros de abastecimiento para la selección mexicana femenina que dirige Leonardo Cuellar, quien hoy en día es el entrenador del equipo femenil de las Águilas.

4 DE AGOSTO DE 1976 — GOL DE INGLESITA

Se juega el partido de ida de la gran final de Liga, los rivales son los Leones Negros de la Universidad de Guadalajara y el América.

En un partido lleno de buen fútbol por parte de los visitantes, el América se impone 3-0 en un abarrotado estadio Jalisco. La derrota contundente de los tapatíos y la superioridad mostrada por los Azulcremas es ya de por sí motivo de celebración, pero lo es aún más con el gol firmado por Carlos Reinoso, un tanto inolvidable que hasta hoy en día es recordado como uno de los mejores en la historia del fútbol mexicano.

Sobre tiempo de compensación, pegado a la banda, sobre medio campo, Carlos Reinoso recibe el balón que viene trazado desde más de 40 metros y lo baja de manera magistral. Se escapa quitándose a Da Silva, que intenta detenerlo. Se cuela al área y burla al portero *Nacho* Calderón y de inglesita, anota un gol de fantasía que deja sin oportunidad a la defensa de los tapatíos. Un gol de antología.

5 DE AGOSTO DE 1959 — NACE EL CLÁSICO

Se ha convertido en leyenda. ¡América-Guadalajara! Ambos ingredientes dan como resultado una bomba explosiva, la pasión alimenta las almas de los aficionados cada vez que estos equipos se encuentran. Antagónicos, uno con mexicanos y extranjeros, otro tan solo con mexicanos. A los primeros se les tacha de los muchachitos bien, a los segundos como los del pueblo.

Con los ánimos enconados, el partido América-Guadalajara paraliza ciudades enteras esperando el triunfo de su favorito.

La primera vez que se enfrentaron en un torneo de Liga fue el 16 de enero de 1944. El América, con su pasado glorioso, encaraba al cuadro joven, de mexicanos, que participaban por vez primera en un torneo de la Liga Mayor. El resultado favoreció a los tapatíos 3-1. El 20 de febrero de 1944 se jugó el partido de vuelta. En esta ocasión, los capitalinos salieron avasalladores y registraron el primer marcador abultado entre ambas escuadras, América 7, Guadalajara 2. Durante el encuentro, se desató una batalla campal en la que casi todos los presentes —jugadores y aficionados— intervinieron.

En el siguiente partido, ya en la temporada 44-45, en el campo Oro de Guadalajara, se esperaba la venganza, y en un magnífico encuentro, el resultado fue 2-2. Con las ganas reprimidas ante el empate, la venganza quedaba para mejor ocasión. Lo que se tenía bien claro es que dos rivales de gran jettatura, uno de la capital del país y el otro de la cuna representativa de la provincia mexicana, comenzaban a odiarse aún sin saber por qué.

Años después, las chivas rayadas del Guadalajara tendrían una época gloriosa, alcanzando el mote del campeonísimo debido a su consecutiva cadena de éxitos al lograr varios títulos de Liga y de Copa, solo arrebatados estos últimos en dos ocasiones por el América en las temporadas 53-54 y 54-55.

El América, que deseaba alzarse nuevamente como el campeón que fue en épocas anteriores, contrató a don Fernando Marcos como su entrenador en 1957. Dos años después, Emilio Azcárraga compraba al club, logrando una mancuerna estupenda.

Marcos ha logrado darle un sello al América, con personalidad nuevamente de equipo grande que no se amilana ante nada. Azcárraga quiere convertirlo en el rival de 'los mexicanitos' del Guadalajara. Y se logró...

El día de hoy, el América vence 2-0 a las Chivas, quien en ese momento es el líder del torneo, sitio que pierde por la derrota. América, con gran poderío, hace ver mal al campeón en su propia cancha.

El cuadro capitalino ha vencido por idéntico marcador de 2-0 y en el estadio Jalisco a los otros dos equipos tapatíos: Oro y Atlas.

El entrenador de las Chivas, enojado, dice a la prensa que tan solo ha sido suerte del cuadro capitalino, y que, si en ese momento se vuelven a enfrentar, los vencen con facilidad, a lo que Marcos contestó de inmediato:

"Cuando usted quiera, al fin que ya sabe que mi teléfono es el 2-0, 2-0, 2-0".

Haciendo alusión a los marcadores. Esto molestó a toda la afición tapatía y marca el inicio ya sustentado, sin discusión alguna, del partido que prende pasiones, del Clásico de Clásicos América-Guadalajara.

---

5 DE AGOSTO DE 1981 — EL HIMNO DEL AMÉRICA

A mediados de 1981, el Club América lanzó una convocatoria para realizar un himno que le dé identidad al club como equipo ante su nueva imagen como Águilas y que pueda expresar lo que el aficionado siente por la institución. Fueron cientos de letras las que llegaron a las instalaciones de Televisa.

El día de hoy, se presenta ante los medios y la afición el himno, cuyo autor es el compositor Carlos Blanco, quien cuenta entre sus éxitos baladas románticas como Verónica, una canción que hace famosa Víctor Iturbe, *el Pirulí*.

Desde su presentación, el himno es un éxito y Carlos González, hijo del cantautor, recuerda cómo se realizó la canción:

"Mi padre hace el himno del América por una petición del presidente del club (Diez Barroso) que convocó a diversos autores para crear la identidad del himno...

Recuerdo a mi padre en casa con su guitarra, anotando las letras y componiendo. Fue algo raro, él tenía la diversidad creativa muy amplia que le permitió estar en otro ámbito, pero también tener un éxito rotundo porque si somos claros, el himno está vigente después de más de 30 años y estamos hablando que un tercio de la historia del club ha sido con este himno".

"La canción se grabó en el estudio de Discos Cisnes Raff, con mi padre entonándola como solista y el apoyo del Grupo Cantares, cuyo intérprete principal, Miguel Ávila Lobo, es el 'dueño' de la voz impostada dentro del himno y que grita "¡América, Águilas, ¡a ganar!", la cual suele resonar en el Estadio Azteca cada vez que el equipo azulcrema juega como local".

Ya en el estadio, se estrena la noche del viernes 25 de septiembre de 1981, en el Coloso de Santa Úrsula, durante el primer juego como anfitrión de las Águilas ante el Puebla, al cual derrotaron 3-0.

De inmediato la melodía es aceptada con agrado y entusiasmo por la fanaticada azulcrema y se convierte en el canto de batalla antes, durante y después de los encuentros del equipo en el máximo escenario futbolístico del país.

El martes 10 de agosto de 1982, en el programa *El estudio de Lola Beltrán*, conducido por la cantante de música folklórica, el himno de las Águilas alcanza mayor notoriedad y proyección al ser interpretado en vivo por su autor, en cadena nacional, y contando con la compañía del plantel del América, entonces dirigido por Carlos Reinoso.

El periodista Javier *Domingol* Chiapas recuerda:

"Ningún americanista podrá olvidar que poco menos de tres años después de su creación, la canción retumbaba en el sonido local del Azteca la memorable tarde del domingo 10 de junio de 1984, cuando en los últimos minutos de juego de la gran final ante el Guadalajara, el América ya ganaba por 2-1 y Javier Aguirre en gran acción personal marca el definitivo y contundente 3-1 que sellaba la coronación como campeón no solo del club, sino de todo el proceso de cambio de identidad que había comenzado precisamente con el himno compuesto en su letra y su música por Blanco".

"Carlos Blanco murió lamentablemente un año después, en 1985, pero siempre será recordado por la hinchada azulcrema como el hombre que le puso música a la pasión".

5 DE AGOSTO DEL 2001 — CAMPEÓN GIGANTE

El América se adjudica el título de la Copa Gigantes de la Confederación de Fútbol Concacaf venciendo en la final al Washington D.C. United 2-0 en el Memorial Coliseum de los Ángeles, con goles de Frankie Oviedo y Octavio Valdez. Es el único título que ganó el entrenador argentino Alfio Basile con el América.

6 DE AGOSTO DEL 1982 — LA LLEGADA DEL RUSO

Uno de los grandes extranjeros que han jugado en el club es, sin lugar a duda, Daniel Alberto Brailovsky, quien es presentado el día de hoy en el nido de Coapa.

Procedente del Independiente de Avellaneda, el llamado Ruso ya había sido seleccionado por Uruguay y por Argentina. Compañero de Diego Armando Maradona, tenía todo para destacar a nivel mundial.

Sus cualidades son inmejorables a sus 23 años, lo mismo puede actuar de delantero o como mediocampista ofensivo. Mete goles con facilidad, pero también arma el mediocampo, da pases, recupera y puede visualizar una o dos jugadas antes de que sucedan.

En su primer año tiene la desdicha de lesionarse, pero en los pocos partidos en los que participa muestra sus grandes cualidades. Para la temporada siguiente es un titular indiscutible y pieza clave en dos campeonatos, en la temporada 1983-1984 y en la temporada 1984-1985. En esta última es la figura en la final en donde además de anotar dos goles, pega un baile a los defensas de los Pumas que hasta la fecha deben tener pesadillas. Hoy en día, el Ruso es cronista y comentarista de fútbol y es, en esta faceta, también uno de los mejores.

7 DE AGOSTO DE 1983 — TORNEO DE LA VENDIMIA

El Torneo de la Vendimia es un evento muy prestigiado que se realiza en Xerez de la Frontera, en España, desde 1952 y es, junto con el Teresa Herrera de La Coruña, el más antiguo celebrado en la Península Ibérica.

Las Águilas del América son invitadas este año y llegan a la final, que juegan el día de hoy y derrotan en la misma al Nottinham Country de Inglaterra 3-1. Se da el caso de que además es la primera vez que un equipo mexicano gana una final de un torneo importante en Europa.

8 DE AGOSTO DE 1976 — GANANDO LA LIGA

Cinco largos años han trascurrido desde el último título conseguido por la escuadra de Coapa. La campaña que se logra en la temporada 1975-1976 es magnífica, se concluye con 53 puntos. En la liguilla se conquistan cinco triunfos y un empate, se anotan siete goles y no se recibe ninguno.

El primer partido de la final lo gana el América 3-0 en la cancha del Jalisco. El día de hoy se juega la gran final en el Estadio Azteca en donde los Azulcremas terminan de esculpir el título, ganando 1-0. El único gol cae en el minuto 62 mediante un tiro libre que cobra Hugo Enrique Kiese de derecha, incrustando el esférico en el lado contrario al vigilado por el portero.

Un nuevo título de Liga para el América. La alineación utilizada esta noche es la siguiente: Francisco Castrejón; René *Popeye* Trujillo, Javier Sánchez Galindo, Miguel Ángel *el Confesor* Cornero y Mario *Pichojos* Pérez; Javier *Chocolate* García, Antonio de la Torre, Cesáreo Victorino y Carlos Reinoso; Alcindo y Hugo Enrique Kiese. Entraron Borja y Cristóbal Ortega.

9 DE AGOSTO DE 1973 — JOHN KERR

El Club América en su historia no ha comprado muchos jugadores europeos, su mercado es más bien Sudamérica. En 1972 adquiere a un escoces naturalizado canadiense, su nombre, John Kerr.

El futbolista cumple con creces y demuestra ser un excelente mediocampista de contención. Nunca es expulsado, marca tres goles, recupera infinidad de balones y le da salida al equipo y, además de todo, cuesta apenas 25 000 dólares, pagaderos al Cosmos de Nueva York, equipo del que provenía.

Sin embargo, con contrato en mano, Kerr abandona al América sin más ni más, el día de hoy, al terminar el partido ante Puebla. Kerr solicita un aumento a su sueldo un día atrás y *Panchito* Hernández le avisa antes del partido que esto no es posible, que tiene que negociarlo al final de la temporada. El escocés, molesto, llega a su departamento, toma sus cosas y se va al aeropuerto para regresar a los Estados Unidos.

Como se va sin avisarle a nadie, es boletinado ante la FIFA, pero como el fútbol de los Estados Unidos no es tomado en serio, sigue jugando con el Cosmos y, de paso, con la selección de Canadá. Hoy en día se le considera uno de los miembros más prominentes del Salón de la Fama del fútbol canadiense, en donde además fue entrenador.

10 DE AGOSTO DE 2000 — LLEGANDO AL PRIMER EQUIPO

Néstor Rafael Verderi fue guardameta del club en la década de los setenta, campeón con el equipo en la temporada 1975-1976 y, desde hace muchos años, es el entrenador de porteros del América. El día de hoy solicita la transferencia a las Fuerzas Básicas de un joven de 15 años al que le hace un seguimiento desde hace un lustro en la Escuela del América.

Verderi, al respecto, cuenta en una entrevista:

"Lo agarré chiquillo. Diría que fuimos creciendo juntos. Yo le trasmití mi experiencia y él colaboró con su inteligencia y arrojo. Él jugaba en la escuelita y yo lo seguía desde hacía tiempo porque tenía buena pinta. Cuando termina su ciclo lo traigo a las Fuerzas Básicas y ahí empezó a brillar".

"Para su formación fue fundamental Adolfo Ríos, quien le fue enseñando lo que sabía. A los 17 años lo comenzamos a intercalar con el primer equipo, en donde estaba Ríos y Hugo Pineda y con ellos aprendió mucho".

Este muchacho, cuatro años después, se convertirá en titular indiscutible en el primer equipo. Su nombre: Guillermo Ochoa.

11 DE AGOSTO DE 1987 — EL NEGRO SANTOS

Panchito Hernández y el presidente del club, Emilio Diez Barroso, realizan un viaje a Brasil para ver de cerca el desempeño de un jugador al cual ya han seguido por meses: Eduardo Dos Santos, *Edú*, sin embargo, en el partido que les toca presenciar juega un futbolista que ni siquiera sabían que existía.

Aquel chico, en menos de diez minutos, convierte un extraordinario gol, da un par de pases magníficos y realiza jugadas de fantasía. Sigue el partido, llega el medio tiempo y este elemento los tiene maravillados.

Emilio le dice a Panchito:

"Quiero que contrates a ese Negro".

Panchito comienza a mover sus hilos y al término del encuentro ya lo tiene apalabrado, listo para iniciar los trámites con el club.

El nombre de este joven brasileño: Antonio Carlos Santos. Su historia ya todos la conocemos.

12 DE AGOSTO DE 2008 — LA HISTORIA DE CARLOS SÁNCHEZ

Un triste acontecimiento ocurre este día, en el entrenamiento del primer equipo. El futbolista Carlos Alberto Sánchez Romero se desvanece de repente. El médico lo auxilia y tan solo de ver su cara se augura que algo malo está pasando.

Sus compañeros no saben qué sucede. Llega una ambulancia y lo llevan de inmediato a un hospital. Las primeras noticias son que Carlos ha sufrido un derrame cerebral.

Tres meses atrás, el futbolista sufrió un fuerte golpe en la cabeza en un partido de la Copa Libertadores ante el Santos de Brasil. En un principio se pensó que sin consecuencias, pero al parecer queda un coágulo.

Aunque Sánchez es atendido y operado inmediatamente y logra sobrevivir, se entera de que ya no podrá regresar a la actividad futbolística.

El América ayuda al jugador, se paga la operación y rehabilitación e inclusive se le facilita el que tome el curso de entrenador, pero en algún momento Carlos Alberto reclama una fuerte indemnización y el club decide romper relaciones con el futbolista, quien finalmente queda sin nada, ni dinero, ni trabajo.

---

13 DE AGOSTO DE 2014 — JIMÉNEZ A EUROPA

La joya de la corona americanista de los últimos años es Raúl Jiménez. Mundialista en Brasil 2014, tiene como sueño ir al fútbol europeo.

El día de hoy ese sueño se cumple. En su cuenta de Twitter aparece la nota que los aficionados esperan, unos deseando que se quede, otros que se marche para seguir su carrera. El Atlético de Madrid ha resuelto comprarlo.

"Extiende tus alas y vuela muy alto". Es el mensaje del club.

El jugador es adquirido por el conjunto español en diez millones de euros y, si bien le cuesta adaptarse, hoy en día es uno de los ídolos del fútbol inglés, a donde desembarca tras la poca paciencia de los madridistas.

En México, Jiménez es campeón olímpico en el 2012 y con América Campeón de Liga en el Clausura 2013 y autor de 35 goles a menos de tres años de haber debutado. Hoy, el canterano americanista, triunfa en Inglaterra.

---

14 DE AGOSTO DE 1932 — UNA CHIVA EN EL AMÉRICA

¿Y si les dijera que se nos coló una Chiva en el América? Pues así fue. En la época romántica del fútbol mexicano, un jugador del equipo crema, de nombre Julio Dueñas, entró como él solo, y quien no le sacaba a ningún pleito; recibe de parte de sus compañeros justo ese

nombre, la Chiva, luego de que en un partido, molesto contra un rival por una fuerte entrada, se le va con la cabeza por delante y lo embiste con un tope.

Dueñas permanece en el equipo de 1928 a 1932, siendo su último partido en esta fecha del 14 de agosto en contra del equipo Leones. El América gana 7-0. La Chiva quiere formar una familia con su novia Alberta Álvarez y como en aquellos años el fútbol deja satisfacciones deportivas, pero no económicas, abandona su sueño de seguir jugando y se refugia en el mundo laboral, pero eso sí, la Chiva jamás dejó de ser americanista.

15 DE AGOSTO DE 1982 — GOLPE, PATADA Y DESCONTÓN

Se juega la final del torneo cuadrangular Estadio Azteca. El América enfrenta al Santos de Brasil y cuando el partido está en lo más emocionante, ganando los locales 2-0, Javier Aguirre, autor del tanto, recibe un golpe por parte de Marcio, quien primero se pone a discutir con Héctor Tapia y, en el camino al vestidor, con Héctor Miguel Zelada, quien está en la banca.

El portero se va sobre el brasileño y detrás de él ambas bancas. La cancha se convierte en arena de lucha libre. Paulinho, del Santos, arranca un banderín de tiro de esquina y se va como loco tras *Lolo* González, quien lo recibe a patadas y lo descuenta.

El partido se interrumpe por más de 15 minutos, hay expulsiones, amonestaciones y por fin se reanuda el encuentro. Al final, el América anota otros dos y se queda con el trofeo.

16 DE AGOSTO DE 1976 — CAMPEÓN DE CAMPEONES

Como campeón de Liga de la temporada 1975-1976, el América enfrenta el día de hoy al equipo Tigres de Nuevo León, campeón de Copa. El conjunto que gane será el Campeón de Campeones.

El Estadio Azteca recibe a los contrincantes y los Azulcremas, con goles de Miguel Ángel *el Confesor* Cornero y Carlos Reinoso, vencen 2-0 a los norteños consiguiendo el preciado título.

17 DE AGOSTO DE 1986 — TREMENDA BRONCA Y EL ADIÓS DE R. MÁRQUEZ

Este partido marca el retiro del silbante Antonio R. Márquez, quien, al comienzo del encuentro, les pide a los capitanes que lleven bien las cosas porque desea retirarse dirigiendo este clásico de la mejor manera.

Todo va como lo espera, pero al minuto 62 el árbitro expulsa a Fernando Quirarte, defensa de las Chivas, por agredir arteramente a Eduardo Bacas.

Quirarte no se quiere ir solo e insulta en el camino al joven Carlos Hermosillo, quien cae en el juego y lo agrede. Fernando comienza a hacer teatro y se revuelca en el piso como si lo hubieran acuchillado. Hermosillo es expulsado y molesto por caer en el juego del tapatío, le da un puntapié a Quirarte en el suelo.

Madero, Galindo y Torres tunden a patadas a Hermosillo. Cristóbal Ortega le da un derechazo a Benjamín Galindo y Torres le pega a Ortega. *El Monito* Rodríguez, auxiliar técnico, defiende a Ortega y es agredido por cuatro elementos de las Chivas.

Es entonces que estalla la batalla campal, todos contra todos, literalmente, hasta con la cubeta se dan. Uno de los golpes más espectaculares es una patada voladora de Alfredo Tena.

Antonio R. Márquez, furioso, da por terminado el encuentro. El saldo es de 32 jugadores expulsados y una despedida que el árbitro jamás pudo olvidar.

---

18 DE AGOSTO DE 2002 — UN PETARDO EN EL AMÉRICA

Hace su debut con el equipo una de las peores contrataciones en la historia del equipo, Marcio Da Costa Fantik, un brasileño, verdadero petardo, que jugaba fútbol en alguna playa o fabela brasileña y que es vendido al América como jugador profesional por un vivales en complicidad con algún directivo en 800 000 dólares, cuando el 'jugador' no era tal.

El dizque futbolista permanece dos torneos en el América, en el Apertura 2002 y Clausura 2003, ocupando además una plaza de extranjero y recibiendo un sueldo inmerecido. Un verdadero fraude, un escándalo.

Entre los dos torneos jugó (por llamarle así) 295 minutos, en los cuales no demostró absolutamente nada. Sin contar su sueldo, Fantik le costó al América $2711,87 dólares por minuto jugado. El jugador más caro en la historia.

---

19 DE AGOSTO DE 1951 — 200 EN LA BOLSA

El día de hoy el América enfrenta al Veracruz en el Puerto Jarocho. El conjunto Azulcrema da un excelente partido y con goles de Negrete, quien debuta esta tarde, *Lalo* Palmer, Cafaratti y autogol de Segovia,

vence 4-2 a los Tiburones.

Este representa el triunfo 200 en la historia del club. Como dato curioso, debutó en la defensa el hijo del *Oso* Cerrilla, uno de los pioneros del conjunto crema y que estuvo presente en el primer triunfo americanista.

20 DE AGOSTO DE 1952 — LAVANDO UNIFORMES

Octavio *la Pulga* Vial es el entrenador del América, que atraviesa por una mala situación económica. El equipo había jugado la noche anterior en el estadio de C.U. cuando una tromba azota el sur de la ciudad y el partido tiene que suspenderse.

Como la situación económica del club no es muy boyante, cada uno llega al estadio por sus propios medios. Esa noche, la situación es caótica y no se pueden conseguir taxis.

Octavio Vial, que vive muy cerca del estadio, los invita a su casa mientras el clima mejora. Llegan caminando, todos empapados. La esposa del entrenador los atiende con gusto, no es la primera vez que su esposo lleva a quince jugadores a compartir la sal y la pimienta, pero aquella ocasión es diferente.

Imposibilitados para bañarse en los vestidores, cada uno lo va haciendo en la ducha familiar de los Vial. Los uniformes se acumulan en un rincón del baño. Ya cambiados, cenan y se van, el último en salir es Manuel *la Bruja* Gutiérrez, quien le recuerda al entrenador que, al día siguiente, tienen que reanudar el partido y no hay otros uniformes.

Octavio le pide muy cariñoso a su esposa si puede lavarlos. La señora accede. Tiene que lavar, toda la noche, uniformes atascados de lodo. A las cinco de la mañana termina y los tiende en la cocina, porque afuera continúa lloviendo.

Por la mañana, llegan los jugadores y el entrenador los invita a desayunar. Al vestir su indumentaria, esta se encuentra todavía húmeda por lo que el argentino Héctor *Cacho* Uzal se atreve a pedir:

—Y no habría manera de que vos le diera una planchadita.

Es tal la expresión del rostro de la señora, que Octavio Vial hace salir a sus jugadores diciéndoles:

—No muchachos, ya se nos hace tarde.

Ese día, la señora Vial, que acostumbra a escuchar por radio los partidos que dirige su amado esposo, apaga el aparato. No quiere saber nada de fútbol.

20 DE AGOSTO DE 1972 — GOL HISTÓRICO

Partido de Copa en el Estadio Azteca, se enfrentan el Atlético Español y el América. El conjunto de los bureles acaba de anotar y mientras celebran, Osvaldo Castro acomoda el balón en el círculo de media cancha y toca a un lado a Carlos Reinoso, que, en una genialidad, tira desde esa distancia a puerta y mete un golazo aprovechando que el guardameta Vázquez del Mercado sigue felicitando a sus compañeros. Un gol de antología, histórico. Hasta hoy en día, nadie se acuerda del resultado, sino de aquella tremenda anotación.

21 DE AGOSTO DE 1917 — LOS TRES PARTIDOS DE RAFAEL GARZA GUTIÉRREZ, *RÉCORD*

"Fui a jugar con el equipo juvenil a las nueve de la mañana, terminando el partido tomé mi bicicleta y me dirigía a mi casa cuando me encontré con los jugadores de la Segunda Fuerza y me dijeron que si quería ir a jugar con ellos porque les faltaban jugadores y accedí a tal invitación jugando a las once de la mañana, cuando terminé de jugar, me encontré recargado en una pared de adobe a Luis Fabré y a *Nacho* de la Garza y también me invitaron a jugar porque a ellos también les faltaban jugadores, nuevamente tomé mi bicicleta y me fui pedaleando hasta el Zócalo en donde se encontraba mi casa, después regresé al campo donde tendríamos que jugar y tuve mi primer partido de Primera Fuerza, entonces tenía la edad de 15 años, y así fue como jugué tres partidos en un día".

22 DE AGOSTO DE 1975 — EL AHOGADO

El América entrena en el balneario de Ixtapan de la Sal, Estado de México. Se encuentran haciendo pretemporada, preparándose para disputar el torneo de Copa que está pronto a comenzar.

Alejandro Ojeda, uno de los jóvenes elementos del equipo, camina muy cerca de la alberca. Va vestido y se dirige rumbo a su cuarto cuando de pronto ve que se acerca corriendo hacia él Lino Espín, quien, sin mediar palabras, lo empuja al agua.

Lino se muere de la risa junto con otros compañeros mientras que Ojeda, asustado, pues no sabe nadar, no puede ni gritar para pedir auxilio, solo manotea y siente que la vida se le va mientras traga y traga agua.

Espín piensa que está payaseando para asustarlo, lo cierto es que Alejandro no puede salir. En eso escucha un grito de otro compañero que dice mientras se avienta al agua al rescate de Ojeda:

—Se está ahogando, no sabe nadar.

Al final todo queda en susto, pero Alejandro comenta que vio pasar toda la vida frente a sus ojos y como está recién casado, pensó que su esposa se quedaba viuda sin haberlo amado.

---

23 DE AGOSTO DE 1951 — EL DEBUT DE *LALO* PALMER

Uno de los grandes goleadores en la historia del Club América, Eduardo González Palmer, al que todos llaman simplemente por su segundo apellido, debuta este día ante el equipo León.

Aunque delantero, todos recuerdan que inclusive llegó a salir de guardameta en un par de ocasiones debido a lesión o expulsión de los porteros. *Lalo* Palmer jugó once años con el América y es el cuarto mejor goleador de su historia.

---

24 DE AGOSTO DE 1963 — UN ARTISTA DEL FÚTBOL

Hay jugadores que cada vez que toman el balón, realizan una verdadera obra de arte con los pies, pero hay uno que también lo hace con las manos.

Antonio *el Güero* Jasso es un delantero de enormes cualidades. Mundialista en la década de los sesenta, destaca en Necaxa, Zacatepec y América, mostrando en cada equipo su traza de *crack*.

Gran profesional,, no solo dentro de la cancha —estudia para ejecutivo de ventas y en la Escuela Libre de Arte y Publicidad— tiene además otra profesión que pocos conocen, es pintor.

En sus ratos libres, Antonio deja descansar sus pies y ocupa sus manos. Lo mismo pinta en un caballete que en un mural, siendo esta pintura su preferida, porque gusta mucho de las grandes obras, mientras escucha música de Jazz.

Ocupa como estudio uno de los cuartos de su compañero y amigo Pedro *el Siete Pulmones* Nájera, ya que él vivía en un departamento con su esposa y sus dos hijas.

En la casa de Nájera plasma un mural cuyo significado, según el propio Antonio, es "La elevación del hombre hacia una meta a través de distintas edades psicológicas".

El modelo para su pintura es su compañero el portero Manuel Camacho Meléndez, quien con el brazo en alto y el torso desnudo posa horas enteras para que Jasso concluya su obra, que dura varios meses de labor fecunda. El día de hoy, por fin, la obra queda terminada.

25 DE AGOSTO DE 1996 — UNA GOLEADA INESPERADA

El día de hoy el América sufre una de las peores goleadas de su historia y es justamente ante su odiado rival, el Guadalajara. Un marcador de 5-0 que duele hasta el alma.

Todo se conjugó esta noche, mientras las Chivas salen inspiradas, las Águilas son un desastre en caída libre que no juega a nada. A los 5 minutos ya ganan y a los 13, Luis García se hace expulsar, dejando al América con diez hombres. De aquí en adelante, el desastre total.

Hay quienes dicen que algunos equipos juegan mejor con diez que con once elementos dentro de la cancha. Pues no es este el caso. El América termina por partirse ante el ineficaz sistema del entrenador Ricardo La Volpe, a quien por cierto este partido le cuesta su puesto y eso es lo único agradable de la jornada, ya que el bigotón jamás gustó a los aficionados americanistas.

Su salida cuesta una goleada de vergüenza, pero finalmente creo que vale la pena.

26 DE AGOSTO DE 1998 — NI LOS GUANTES LE FIRMÓ

Al América llega, en 1996, Oswaldo Sánchez, portero de grandes cualidades que procedía del Atlas. Si bien nadie niega sus virtudes como futbolista, como persona es todo lo contrario.

Un joven guardameta de fuerzas básicas, quien admira al cancerbero americanista, ilusionado se acerca el día de hoy con sus guantes y le pide que se los firme. Oswaldo se voltea y se pone a platicar con otro jugador mientras sigue caminando. Memo se acerca de nueva cuenta y le pide que le firme sus guantes. Sánchez ni lo voltea a ver y se va, dejando al niño con un dejo de tristeza y desilusión.

Oswaldo se iría dos años después del América, pero por la puerta de atrás. En el equipo no hizo absolutamente nada y traicionó a las Águilas para marchar al odiado Guadalajara.

A futuro, que bueno que no le firmó los guantes a *Memo* Ochoa, eran muchos guantes para un autógrafo de tan insignificante portero.

27 DE AGOSTO DE 2006 — RÉCORD DE CABAÑAS

El gran delantero paraguayo, Salvador Cabañas, logra el día de hoy un récord personal y para el equipo América, se convierte en el primer

jugador en el club en anotar cuatro goles en un primer tiempo. El rival que se lleva no tan honrosa distinción es el Veracruz.

Chava se destapa con estas cuatro anotaciones que contribuyen para el 5-1 definitivo. Los cuatro tantos del delantero se dan a los minutos 12, 17, 37, y 40.

28 DE AGOSTO DE 1955 — LA MALDICIÓN DEL DIABLO

En casa del América se enfrentan Azulcremas y Choriceros en un encuentro épico, lleno de grandes jugadas, pero también de cierta violencia. Al minuto 25, el americanista Esqueda y el toluqueño Pérez disputan un balón aéreo y sufren un choque de cabezas impresionante, a tal grado que ambos jugadores son retirados y permanecen más de 20 minutos en la enfermería.

El partido termina con triunfo americanista 3-2 con dos goles de Cañibe. Un aficionado del Toluca, vestido como diablo, al paso de los jugadores les grita una maldición señalándoles que no volverán a ganar. Algunos ríen, pero las derrotas son la constante por seis semanas consecutivas y ya muchos escépticos piensan hasta en hacerle una limpia al equipo, pero en la jornada 16 vencen al Zamora como visitantes y se terminan olvidando de aquella maldición del Diablo Mayor.

29 DE AGOSTO DE 1960 — SI JUGUÉ NI ME ACUERDO

Walter Ormeño abre el periódico *Esto* y lee con sorpresa que en el partido del día anterior fue el hombre de la noche, que sacó cuando menos tres balones de su meta que ya se cantaban como gol. El problema es que él no se acuerda de nada. Además, se da cuenta de que tiene un vendaje en la nariz y el dolor es intenso.

Resulta que, un día antes, el América y el Atlante se enfrentan en un candente partido, en donde lo que menos hubo fue *Fair Play*. Casi comenzando el segundo tiempo es expulsado Nájera del América al desquitarse de una patada que el árbitro no vio.

Con diez hombres y un gol anotado en la primera mitad, los Azulcremas se defienden ante las insistentes llegadas Azulgrana. Walter Ormeño se multiplica en la portería. El mérito del Gigante de Ébano es doble porque Lemus le tiró tremendo golpe al rostro que deja seminoqueado al guardameta y como no hay cambios y juegan ya con uno menos, Ormeño resistió aun cuando le sangra copiosamente la nariz, por lo que tienen que habilitarle un pañuelo para que de vez en vez se limpie el rostro. Tiene la nariz fracturada y así tiene que continuar.

Walter no se acuerda de nada de eso, pero sus compañeros y la afición sí y es, sin lugar a duda, el héroe de los tres palos.

30 DE AGOSTO DE 1964 — SIEMPRE HAY UNA PRIMERA VEZ

Los enfrentamientos entre la Máquina Celeste de la Cruz Azul y las Águilas del América casi siempre son memorables. Muchos partidos han sido épicos y gran parte de ellos han definido campeonatos, tanto de Liga como de Copa, dejando vencidos y vencedores, estos últimos casi siempre han sido —afortunadamente— los del América.

Así es, en los momentos claves, salvo aquella final de 1971-1972 que ganaron y con holgura los Celestes, en las demás ocasiones el América se ha alzado con el triunfo. Recordemos tan solo las finales de 1988-1989 y la más reciente en la que los terminamos humillando en el Clausura 2013 y en el Apertura 2018.

Pero siempre existe una primera vez y esta se da el día de hoy. En la cancha del estadio de Jasso, Cruz Azul recibe por primera vez al América y estos les dan la bienvenida ganándoles en casa 2-1. Los Cremas finalizan con diez hombres por expulsión de Alfredo del Águila y ni así puede el conjunto Azul lograr por lo menos un empate. No cabe duda, la jettatura comenzó ese día y seguirá por los siglos de los siglos. Amén.

31 DE AGOSTO DE 1924 — ¡FIBRA, AMÉRICA!

Una frase que ha caracterizado al América a lo largo de la historia y que inclusive ha estado impresa en banderines, playeras y por supuesto como estandarte en la revista oficial es ¡Fibra, América!

Este grito de guerra tiene su historia. El día de hoy el América juega un partido del torneo de Copa en contra del Real Club España y las hermanas de Germán Núñez Cortina, jugador del equipo, para alentar a los muchachos cortan pequeños banderines en papel y las fijan con palitos para ondearlas, así como tiras de papel para aventar al campo y comenzaron a alentar al equipo con ese canto ¡Fibra, América, Fibra! Y se quedó.

A partir de entonces, en cada encuentro se escucha la frase gritada por los mismos jugadores y al final de la temporada salen campeones. En la serie en contra del Real Madrid en 1927, toda la afición alienta al América con esa frase, junto con el Chiquitibum, también canto americanista, quedándose como emblemáticos del club.

SEPTIEMBRE

1 DE SEPTIEMBRE DE 2005 — MONEDAS DE CAMPEONATO

El Club América lanza a la venta una serie de treinta monedas o medallas conmemorativas por su décimo campeonato de Liga en la época profesional, el Clausura 2005, en la que en cada una destaca la figura de un jugador diferente, así como el Estadio Azteca. Con esta fecha aparece la primera y es un éxito.

2 DE SEPTIEMBRE DE 1998 — SANTO PLEITAZO

Un gran pleito se escenifica esta noche en Dallas entre los equipos de Santos de Torreón y las Águilas del América, que buscan un lugar en la pre-Libertadores. Durante el partido Pedro Muñoz del conjunto de los Santos molesta en repetidas ocasiones a Duilio Davino y una vez terminado el encuentro, tras la victoria de los norteños y la eliminación del América, el de Torreón va a burlarse una vez más de Davino, quien, ya molesto, se le va encima y se enlazan a golpes.

En un momento dado, ya son varios los jugadores que intervienen, incluyendo a los porteros Adrián Martínez, del Santos, y Oswaldo Sánchez, de las Águilas, que se dan con todo.

Muñoz, protegido por sus compañeros, sigue atizando golpes y patadas hasta que Cuauhtémoc Blanco le pone un alto con tremendo descontón.

Desde las tribunas comienzan a aventar objetos a los jugadores y el defensa Ignacio Hierro, del América, lanza una estaca a las gradas. El pleito prosigue por más de quince minutos hasta que el grupo que vigila el estadio termina por calmar las cosas.

3 DE SEPTIEMBRE DE 1983 — UN DEBUT INOLVIDABLE

Gustavo Pedro Echaniz, delantero argentino, debuta con las Águilas y lo hace de forma espectacular. Es la jornada 1 de la temporada 1983-1984; el América, dirigido por Carlos Reinoso, se enfrenta al Oaxtepec.

No ha pasado más de un minuto cuando el ex de Huracán roba un balón a un defensa que busca a su portero, el también argentino Ricardo La Volpe, y anota el primer tanto del partido.

Con un América tirado al frente, Echaniz logra su segundo tanto al minuto 27, quitándose con un quiebre al portero para tocarla simplemente. Minutos más tarde, Echaniz se queja de un golpe y pide su cambio. Antes de que este se dé, al minuto 42 recibe un pase filtrado y anota su tercer gol.

Debut soñado para Gustavo, que en aquella temporada marcó 13 goles y, además, es el primer elemento americanista en hacer un *hat tricks* en su debut.

---

4 DE SEPTIEMBRE DE 1927 — ANTE EL REAL MADRID

El Club América se enfrenta por primera vez en su historia al Real Madrid, perdiendo 4-2. Las crónicas dicen que 10 000 aficionados abarrotaron las gradas de madera del parque España.

El América alineó ese día a Ignacio de la Garza; Rafael Garza Gutiérrez, *Récord*, Luis *Oso* Cerrilla; Francisco *Camión* Enríquez, Hesiquio Cerrilla, Jardón; Carlos Garcés, Contreras, Ernesto Sota, Pedro Suinaga y Juan Terrazas. Los dirige Percy Charles Clifford.

Por el Real Madrid juegan Vidal; Quesada, Urquizu; Prats, Esparza, Peña; Travieso, Moraleda, Félix Pérez, Del Campo, Gurucharri. Su dirección técnica era en conjunto por Peris Llorente y el mítico Santiago Bernabéu.

---

5 DE SEPTIEMBRE DE 1977 — LLEVO EN MI PECHO LOS COLORES DEL AMÉRICA

El ídolo Azulcrema, el chileno Carlos Reinoso, da a conocer su disco *El extranjero*, en donde interpreta una canción dedicada al América, que se hace famosa de inmediato y que hasta hoy en día todos los americanistas conocen: Llevo en mi pecho los colores del América.

"Recuerdo que, un día fue
cuando mi padre a su lado me llamó.
Me dijo él, tu porvenir
será seguir una carrera en el fútbol.
Tras el balón, con él crecí
y un día vi que se cumplía su ilusión
de verme, al fin, un jugador
que debutaba en la Primera División.

Tiempo pasó, alguien llegó
con un contrato y de crema me vistió
y así llegué a este país
donde la gente me entregó su corazón.
(Coro)
¡América!
Llevo en mi pecho los colores del América.
Con fibra juega y se entrega el América.
En el "Azteca" suena el grito del campeón.
(Se repite el Coro)
Me llegará el día que
para mí suenen las campanas del adiós.
Me llevaré en el corazón
los compañeros, a los niños y la afición.
(Se repite el Coro tres veces)".

---

6 DE SEPTIEMBRE DE 1981 — DERROTANDO A RIVER

Se juega en el Estadio Azteca un torneo amistoso llamado Azteca 81. El día de hoy, en la final, el América derrota al River Plate 2-1. El equipo argentino con todo y sus blasones sale a golpear. Se le dificulta detener sobre todo a Batata y lo cosen a patadas. Los goles son obra de Juan Antonio Luna y del brasileño por el América y Merlo por los argentinos.

---

7 DE SEPTIEMBRE DE 1978 — LOS ARRANQUES DE REINOSO

No cabe duda de que el chileno Carlos Reinoso, extraordinario jugador, es muy temperamental. Como muchos otros, Reinoso no gusta salir de cambio y muy pocas veces sucede esto, y todas fueron por lesión, salvo el día de hoy que, siendo el primer partido de la temporada, el entrenador Raúl Cárdenas lo saca al término del primer tiempo para meter a Cristóbal Ortega.

Furioso, Reinoso abandona la cancha, no saluda a nadie, voltea a ver de fea manera al entrenador y se va directo al palco de Cañedo, el presidente del equipo, y ahí le presenta su renuncia como jugador del América.

Cañedo no se la acepta y lo conmina a calmarse. El chileno sigue portando la playera azulcrema, pero la relación con el entrenador se vuelve distante. Unas semanas más tarde Cárdenas es sustituido, al parecer, la estrella del equipo ha ganado, aunque al término de la temporada se le acepta su salida y se va a jugar al conjunto del Neza. Nadie

está por encima del América.

---

8 DE SEPTIEMBRE DE 1974 — ROBÁNDOLE A PUMAS

El América se ha caracterizado por tener lo que desea, hacerse de los jugadores que quiere ofreciendo siempre más que lo que un elemento de calidad pueda ganar con su club. Uno de los equipos a los cuales gusta de 'robarle' a sus elementos es a los Pumas de la UNAM, uno de los grandes enemigos que tiene el club.

Elementos sobresalientes y muchos de ellos mundialistas como Enrique Borja, Antonio de la Torre, Hugo Sánchez, Luis García, Efraín Juárez, Alberto García Aspe, Adolfo Ríos, Rubens Sambueza y Nico Castillo, quienes fueron ídolos del club universitario, terminaron en las filas de las Águilas.

Uno de ellos es Braulio Luna, quien acepta que desde niño le va al América y las Águilas lo adquieren tras el Mundial de 1998. Braulio nace este día 8 de septiembre de 1974. De familia americanista, 24 años después llega finalmente al Nido.

---

9 DE SEPTIEMBRE DE 2007 — LOS MOSQUEDA

Dos hermanos que pintan para grandes: Juan Carlos, quien debuta un año atrás, y Jesús *Chuy* Mosqueda, quien lo hace justo el día de hoy. El primero, Juan Carlos, llega a ser visto como el nuevo Cuauhtémoc Blanco, la joya de la cantera se muestra desde que debuta anotando un gran gol. Su problema, dicen muchos, es su falta de carácter. Cuando más se espera de él, en los momentos más importantes, se hace pequeño, se pierde en la cancha.

Jesús, por su parte, es un medio de buen nivel, pero le toca la desgracia de vivir en uno de los peores momentos del América. Esto le pesa y deja de brillar, jamás destaca. Él y su hermano terminan jugando a la talacha en equipos de llano, en donde cobran por gol ¡Una lástima!

---

10 DE SEPTIEMBRE DE 1945 — UN BUEN DÍA PARA VOLAR

Por primera vez un equipo de fútbol mexicano viaja en avión. El América enfrenta al Monterrey el día anterior, venciéndolo 5-2, y la aerolínea, para hacerse publicidad, invita a que el equipo regrese a la ciudad de México en este medio de transporte.

El viaje dura dos horas y prácticamente todos los jugadores vuelan por primera vez. El piloto es un viejo conocido del América, Luis García

Cortina, *Tití*, uno de los grandes goleadores de los Azulcremas, que hace poco se recibió como Piloto Aviador y es el intermediario para que el conjunto emprenda este primer vuelo para un club de fútbol mexicano.

---

11 DE SEPTIEMBRE DE 1998 — JUGANDO CON TRES MENOS

El día de hoy se enfrentan América y Pachuca. A los cuatro minutos es expulsado Raúl Rodrigo Lara. Al minuto 27 sucede lo mismo con Isaac Terrazas y al 42 con Rodrigo Valenzuela. Las Águilas juegan más de 50 minutos con 8 hombres.

Cuauhtémoc Blanco habla con sus compañeros al medio tiempo. Evidentemente se ve enojado, no le gusta perder y no piensa hacerlo. Sorpresivamente el América da un partidazo con 8 elementos y Cuauhtémoc es el mejor hombre, anotando 3 goles.

Es el minuto 88 y el América gana 3-2. Al final, el cansancio y la suerte hacen mella y Pachuca logra empatar, sin embargo, el sabor a triunfo nadie se lo quita a este América que siempre juega con el cuchillo entre los dientes.

---

12 DE SEPTIEMBRE DE 1917 — EQUIPO DE PRIMERA

El Club América juega el primero de tres partidos que le impone la Liga para ser aceptado en la Primera División. Aquella tarde se le gana al Club España de Segunda Fuerza, días más tarde se empata en extraordinario encuentro al España de Primera Fuerza y posteriormente se le gana al Club México para ser aceptados por fin y con todos los méritos como equipo de Primera División.

---

13 DE SEPTIEMBRE DE 1965 — EL DÍA QUE ZAGUE ME ZAPEÓ

Jorge *Coco* Gómez, extremo de la década de los sesenta, lograba conseguir tiros libres de gran calidad. Arlindo, el jugador brasileño, lo citaba una hora antes del entrenamiento y se ponía a practicar con él. Gómez ve que, justo antes de que comience el entrenamiento formal, Arlindo se retira a un rincón. Un día va, se acerca a él y le pregunta que qué hace y Arlindo le dice que se echa un cigarrito como cábala.

Como el Bebé es ya un jugador consagrado y Jorge recién comienza, se le ocurre seguir la cábala y este día se va a un rincón y prende un cigarro que lleva exprofeso para la buena suerte. No se da cuenta de que atrás de él se acerca el ídolo del América, José Alves, *Zague*. Solamente

sintió una fuerte cachetada y Zague diciéndole:

—Te vuelvo a ver fumando, muchachito cabrón, y te mato a patadas, un futbolista no fuma y no tiene vicios si quiere llegar a ser un buen jugador, además de que los niños se reflejan en lo que haces.

El Coco, del susto, solo atina a asentir con la cabeza y no vuelve a hacerlo. Al finalizar el entrenamiento, Zague se acerca y le da 100 dólares:

—Toma, para que te compres algo y le lleves dinero tus papás, eres un buen chico y vas a llegar lejos, pero cuídate.

Durante mucho tiempo, esos 100 dólares llegan a manos del joven jugador mes con mes, hasta que este comienza a tener un mejor sueldo. No cabe duda de que el Lobo Solitario apadrinó a Jorge Gómez de la mejor forma y no por el dinero, sino por los consejos que le dio.

14 DE SEPTIEMBRE DE 2002 — AMÉRICA HACE HISTORIA

Las Águilas del América consiguen su triunfo número 1000 en la historia, siendo el primer equipo del fútbol mexicano en lograrlo. Y qué mejor que hacerlo ante los Pumas y de visitante. Ante un Olímpico Universitario lleno, el América muestra su paternalismo y con tres goles de Christian Patiño, quien sale en plan grande, las Águilas mantienen el invicto, líder general, dan cuenta del odiado rival y logran lo que ninguno otro ha podido. El América siempre grande.

15 DE SEPTIEMBRE DE 1923 — LA MUERTE DE *PANCHO* CUMMINGS

El 15 de septiembre de 1923 algunos americanistas deciden tomar un descanso fuera de la Ciudad de México, entre ellos los Cumings, y Pancho no regresa jamás.

Un fatal accidente se registra en Cuernavaca cuando, al descender de su automóvil, el cinto en el que lleva una pistola se atora con la puerta del Ford que maneja. El arma cae al piso y se dispara. La bala le pega en el cuerpo y atraviesa el corazón. Inmediatamente muere. La noticia llena de dolor a familiares y amigos, en especial a sus hermanos del América, en el que cada jugador lo quiere de modo fraternal por ser una estupenda persona, pendiente siempre de los problemas de los demás.

Su ausencia motiva un episodio que deja huella en el América y sus seguidores: el cuadro azulcrema se mide en su siguiente compromiso dentro del torneo de Liga con el Asturias. El juego se desarrolla en el Parque Alianza, casa del rival.

El hombre que da las alineaciones, un sujeto corto de estatura pero con magnífica voz, al dar la del América dice la siguiente formación:

Ignacio *Nacho* de la Garza; Rafael Garza Gutiérrez, *Récord*, Adeodato López; Pedro *Perico* Legorreta, Enrique *Matona* Esquivel, *Chón* Pérez Palma; Rafael Rosales, Horacio *el Moco* Ortiz, Alfredo *Fofo* García Besné y Carlos Garcés.

¡Solo diez jugadores!

Intencionalmente se deja el lugar vacío de un grande entre los grandes: ¡*Pancho* Cummings! Es la manera de rendirle un póstumo homenaje.

Alfredo *Fofo* García hace el saque inicial. Recibe el balón Carlos Garcés, quien con una lágrima sobre la mejilla toca el esférico al hueco, al sitio que debe ocupar *Pancho* Cummings.

En ese momento se escucha un silbatazo del árbitro que suspende el encuentro. Se guarda un minuto de silencio en la cancha y en las tribunas. La gente llora y le rinde aplausos al héroe caído. Al americanista que muere trágicamente en el pináculo de su carrera.

---

16 DE SEPTIEMBRE DE 2019 — LAS AGUILILLAS

En pleno festejo del Día de la Independencia, la liga femenil nos regala el encuentro entre las Águilas y las Chivas. Ambas escuadras se enfrentan por primera vez en fase de grupos desde que la Liga inició apenas dos años atrás. Anteriormente se han visto las caras solo en rondas de Liguilla porque les ha tocado estar en sectores distintos.

A partir de este torneo se juega todos contra todos y no por grupos. El encuentro se desarrolla en el estadio de las Chivas y tiene más de 5000 espectadores. Y aunque ese partido lo gana el Guadalajara, el América se vengará en cuartos de final, en donde se vuelven a encontrar, dejando fuera de las finales al Rebaño Sagrado.

---

17 DE SEPTIEMBRE DE 2014 — 10-1 DE ESCÁNDALO

Se gesta una goleada histórica en la Concachampions cuando, en fase de grupos, el América arrolla al equipo Bayamón de Puerto Rico. Si bien hay que reconocer que ambos equipos se encuentran a años luz de distancia uno de otro, por las ligas, una considerada entre las mejores del continente y la otra semiprofesional, el que se les haya ganado 10-1 en su propia casa y con equipo alterno, ya que varios de los titulares se quedaron en México, es muy meritorio.

Si a esto añadimos que días antes se les venció 6-1 en el Azteca, estamos hablando de un marcador absoluto de 16-2, algo que ya no es muy visto en estos días.

18 DE SEPTIEMBRE DE 1977 — BORJA: LA DESPEDIDA

El ídolo de ídolos del fútbol mexicano, Enrique Borja, decide poner fin a su carrera luego de catorce años en los que conquista tres coronas de goleo y dos títulos de Liga.

Desde que inició su carrera en los Pumas hasta este día, Borja tuvo presencia de goleador. Si ya de por sí en el equipo universitario era un ídolo, lo mismo que en la selección mexicana, su época más exitosa se da en el América, en donde logra sus tres títulos de goleo de forma consecutiva.

Este día, en la cancha del Estadio Azteca, durante la octava jornada del torneo de Liga 1977-1978 y jugando precisamente contra los Pumas, Enrique juega su último partido.

Repleto al máximo, el Azteca al unísono recibe a Enrique Borja con porras y elogios. Es una despedida inolvidable. El Cyrano jamás le ha anotado a su exequipo y en esta ocasión tan especial logra hacerlo y en dos ocasiones.

El América gana 4-2, líder general, invicto y con un Borja que demuestra a sus detractores que aún está pleno y que, a comparación de otros, él decide su retiro y no directivos o entrenadores que lo sepulten en una banca como pretendió hacerlo Raúl Cárdenas en la escuadra Azulcrema.

19 DE SEPTIEMBRE DE 1985 — EL TERREMOTO QUE SE LLEVÓ AL RUSO

Ciudad de México amanece con uno de los terremotos más fuertes y terribles de su historia. Con una magnitud de 8,1, gran parte de la ciudad queda devastada y uno de los grandes ídolos del América, el argentino Daniel Alberto Brailovsky, deja el país.

El Ruso tiene que decidir entre su carrera y la familia. Su esposa está por dar a luz y luego del segundo sismo al día siguiente, por consejos de su médico, deciden salir del país e ir a la Argentina para el alumbramiento, ya que los hospitales en México están saturados, por un lado, y por otro, el miedo de que suceda algo más grave.

Brailovsky pide permiso a *Panchito* Hernández, directivo del América, pero como están en la Liguilla, el directivo se lo niega. El Ruso desobedece, toma a su familia y se marcha, y ya desde Argentina, se comunica con la directiva para avisar que él regresa en un par de días, nada más que deje a su esposa e hijos instalados.

La presidencia del club no perdona la desobediencia y le dice que ni se atreva a regresar, que está castigado y así fue, mientras la afición lo perdona de inmediato, entendiendo el porqué lo hace, los directivos se la cobran caro y lo congelan para que no pueda actuar en ninguna liga afiliada a la FIFA.

Uno de los mejores futbolistas que han actuado en el fútbol mexicano ve truncada su carrera y el América pierde a su mejor elemento, todo por un terremoto y por un berrinche directivo.

---

20 DE SEPTIEMBRE DE 1981 — NACEN LAS ÁGUILAS

Es presentado ante los medios de comunicación el equipo de Las Águilas del América. Los antes llamados Azulcremas, Canarios o Millonetas, a partir del día de hoy son conocidos como Águilas.

La presentación se realiza en el estadio de Neza, en donde, además, se juega el primer partido oficial de este estadio. El primer gol como Águilas es del brasileño Nilton Pinheiro Da Silva, *Batata*, y además de Chilena, por si fuera poco.

Durante todo el partido ambas escuadras se agreden, por lo que hay varios expulsados. Una vez que el árbitro Julián Cícero da por concluidas las acciones, Patiño del Neza agrede a Batata, quien responde la misma. De pronto la cancha se ve invadida por jugadores suplentes de ambos equipos, fotógrafos, periodistas, público y policías. Se arma la gresca en donde inclusive un policía agarra a macanazos al jugador del América, Carlos de los Cobos, dejándolo con el rostro ensangrentado.

Vaya debut de las Águilas. Nadie se imaginaba que comenzaba la mejor época en la historia para el equipo del América.

---

21 DE SEPTIEMBRE DE 2004 — EL ADIÓS DEL CABEZÓN

El día de hoy abandona el nido Oscar Ruggeri, quien al comienzo del torneo llegó cargado de ilusiones a dirigir al América, en donde ya había tenido un paso como jugador.

De Ruggeri se esperaba mucho, las cosas, sin embargo, no se dieron como se creía, una de sus primeras acciones fue dejar fuera del equipo al ídolo Cuauhtémoc Blanco, mandándolo a Veracruz. La segunda, sentar en la banca al joven portero Guillermo Ochoa, que era un ídolo en ciernes, para poner a su compatriota Saja como titular. Esto no le gustó a la afición, y después de que fue recibido con porras incluidas, conforme pasaban los primeros partidos, se le recibía con rechifla.

Tan solo permaneció seis partidos al frente del equipo y la presión de la afición pudo más que los blasones de Ruggeri. El Cabezón queda fuera y llega Mario Carrillo, quien regresa a *Memo* Ochoa a la portería y un año después, con Cuauhtémoc de regreso al nido, logrará el campeonato.

22 DE SEPTIEMBRE DE 1998 — EL CAMPEONATO DE CUAUHTÉMOC

Uno de los más grandes futbolistas que han jugado en el América, es el ídolo de Tepito, Cuauhtémoc Blanco, quien el día de hoy logra el campeonato de goleo con dieciséis tantos.

Blanco marcó a lo largo de la Temporada dos tripletes a Tigres y Pachuca, tres dobletes a Tecos, Santos y Monterrey, y una anotación a Toros Neza, Cruz Azul, Puebla y Atlas; a este último un golazo de antología.

23 DE SEPTIEMBRE DE 1945 — LA NOCHE DE CAFARATTI

En un gran partido el América derrota 6-2 al Tampico. Si de por sí el encuentro fue bueno para los azulcremas que con el triunfo alcanzan el primer lugar de la tabla, lo es más para Cafaratti, quien sale inspirado y anota tres goles, uno de ellos soberbio, con un disparo desde varios metros fuera del área que fue bajando para incrustarse en el ángulo, ante la inútil estirada del portero jaibo, Landeros. La afición en el estadio se pone de pie luego del gol y corea el nombre del argentino.

24 DE SEPTIEMBRE DE 1950 — MARIO MORENO CANTINFLAS

Ante la desesperación económica que sufre el equipo, los pocos directivos que quedan en pie deciden nombrar presidente del club al famoso comediante mexicano Mario Moreno, *Cantinflas*, buscando su ayuda pecuniaria.

Cantinflas es, sin lugar a duda, el actor cómico más grande de México, a tal grado que el famoso Charles Chaplin, en algún momento, comenta que Cantinflas es el mejor comediante vivo del mundo. Entre sus películas destaca *La vuelta al mundo en 80 días*, ganadora del Óscar a la Mejor Cinta, *El ministro y yo*, *El patrullero 777*, *El profe*, *El padrecito*, *Su excelencia* y muchas otras que fueron dobladas al inglés y francés.

Lo cierto es que Cantinflas se presenta en varios partidos a dar la patada inicial o a mostrarse en tribunas, o tomarse la foto con jugadores, pero el dinero brilla por su ausencia. El América continúa por varios años dando tumbos, sin dinero, en la espera de un mejor futuro.

25 DE SEPTIEMBRE DE 1984 — ACADEMIA DE LA ILUSIÓN

El América, campeón del fútbol mexicano, recibe el día de hoy una notificación del Consejo Consultivo Permanente de Entrenadores de la Federación Mexicana de Fútbol, en donde se avisa al club que su entrenador, Carlos Reinoso, tendrá que regularizar su título de director técnico, que al parecer lo obtuvo en la Academia de la Ilusión porque con ellos no está registrado.

El Ingeniero Javier de la Torre, a cargo del Consejo Consultivo, dijo a la prensa:

"Todo entrenador que quiera dirigir en la Primera División en México debe tener en regla su situación profesional, con el título expedido por la FMF, con los cursos de capacitación que desde el próximo lunes comenzarán en nuestras oficinas".

"El fútbol mexicano debe cambiar, porque habita en el *penthouse* del edificio y este no tiene siquiera buenos cimientos".

---

26 DE SEPTIEMBRE DE 2014 — LOS CUATRO DE LAYÚN

Una noche inolvidable para Miguel Layún, quien anota cuatro tantos al Santos de Torreón en la propia Comarca Lagunera. Es el primer defensa en la historia del América en lograr este número de anotaciones en un solo partido.

Los goles de Miguel se dan a los minutos 41, 54, 59 y 89, con lo que además se convierte hasta ese momento, en el mejor anotador del equipo en el torneo con seis anotaciones.

---

27 DE SEPTIEMBRE DE 1996 — ROBO A MANO ARMADA

'Disfrazados' como aficionados, un grupo de delincuentes acude al entrenamiento del equipo y asalta las instalaciones del club, aprovechando que es día de pago y de que las puertas fueron abiertas para los seguidores del equipo.

Los guardias de seguridad, al percatarse, comienzan a disparar a los asaltantes cuando estos huyen con el botín. Jugadores y aficionados que ven el entrenamiento corren ha resguardarse, unos en las oficinas y otros hacia la zona de la Casa Club.

A partir de este día la seguridad se refuerza y se prohíbe la asistencia de aficionados a los entrenamientos, algo que era común en el nido de Coapa.

---

28 DE SEPTIEMBRE DE 2002 — SE ACABÓ LA RACHA

El América tenía una racha de partidos ganados como visitante des-

de la jornada 17 del Torneo Verano 2002, lo que significa un récord en el fútbol mexicano en torneos cortos. El día de hoy, en la jornada 8 del Apertura 2002, al empatar a cero goles con Monterrey, esta se termina.

29 DE SEPTIEMBRE DE 1974 — JUEGO DE SESENTA MINUTOS

En partido con duración de tan solo sesenta minutos, el América vence al Atlético Español 1-0. Esto se da porque el conjunto burel decide retirarse del terreno de juego.

El árbitro Abel Aguilar expulsa a Brambila por una fuerte entrada sobre Ojeda. Los jugadores del Atlético protestan e insultan de mala manera al nazareno, quien expulsa a otros tres jugadores. El partido sigue unos minutos y el entrenador Walter Ormeño ordena a Benito Pardo hacerse expulsar para que el partido sea suspendido, ya que así lo dicta el reglamento. En la cancha solo quedan seis elementos, Gómola, Ramírez, Trejo, Rico, Muñante y Rivas.

Aguilar decide que el encuentro prosiga, Ormeño saca a sus jugadores del terreno de juego y los manda a los vestidores, por lo que el árbitro tiene que dar por finalizado el encuentro.

30 DE SEPTIEMBRE DE 1943 — LA LLEGADA DE TRELLES

Llega a la institución un hombre que ha destacado de sobremanera en el fútbol. Ignacio Trelles Campos, exjugador del Necaxa, firma con el América en donde permanece tres temporadas y, si bien no se destaca como futbolista, como entrenador y director técnico es quien más títulos en torneos largos ha conseguido en la historia del fútbol nacional con siete, además de ser entrenador de la selección mexicana en tres Copas del Mundo.

Trelles también será, años más tarde, director técnico del América, logrando dos subcampeonatos de liga en las temporadas 1961-1962 y 1963-1964.

OCTUBRE

1 DE OCTUBRE DE 2003 — EL ADIÓS DE ZAGUE

El Club América festeja este mes sus 87 años de vida y aprovecha para hacer un merecido homenaje de despedida a Luis Roberto Alves, *Zague*. El rival es el Barcelona.

El cuadro catalán llega con Rafael Márquez como su capitán y casi todos sus titulares. Es una noche memorable, no solo porque las Águilas ganan 2-0 en un extraordinario encuentro, sino porque el adiós de Zague es muy emotivo.

Los goles se dan obra de Hugo Norberto Castillo al minuto 19, quien recibe un pase de Zague y aprovecha para anotar. Un minuto más tarde, Saviola tiene el gol del empate, pero lo desperdicia en las manos del portero. Al minuto 50 Frankie Oviedo consigue el segundo y último de la noche.

Zague abandona el terreno de juego y da la vuelta al campo. Cada uno de los aficionados que estamos presentes le aplaudimos durante varios minutos. Era el ídolo, el máximo goleador que pisaba por última vez la cancha jugando para nuestro querido América.

1 DE OCTUBRE DE 2015 — UN RÉCORD EN EL FÚTBOL MEXICANO

De febrero a octubre del 2005, las Águilas hilvanan 28 partidos de Liga sin derrota, dirigidos por el estratega Mario Carrillo. Este día, ganándole al San Luis 3-1 se cumple el fin de esta racha, porque en la jornada siguiente Chiapas será el verdugo.

2 DE OCTUBRE DE 1918 — CENTRO UNIÓN

Luego de los malos resultados que se dan en la campaña de debut del América, al equipo llegan varios jugadores de diversos colegios maristas, mientras que algunos de los pioneros abandonan sus filas.

Para evitar conflictos y como forma de darles la bienvenida a todos los nuevos, el maestro Eugenio Cenoz sugiere el día de hoy que el equipo cambie su nombre por Club Centro Unión. Por votación se acuerda el cambio y se ratifica tres días más tarde, el 5 de junio, cuando se le notifica a la Liga.

3 DE OCTUBRE DE 1974 — CRISTÓBAL ORTEGA

Hoy es el afortunado debut de Cristóbal Ortega, un joven de 17 años que estrella en el travesaño el primer balón que toca, luego de driblar a un par de jugadores.

Uno de los goles con los que el América vence 4-0 al Madero nació en sus pies al cobrar con precisión un tiro de esquina que puso, como con la mano, en la cabeza del Pata Bendita, para que este rematara cómodamente.

Ortega tiene un rápido crecimiento. Rodeado de grandes jugadores, tanto nacionales como extranjeros, aprovecha el aprendizaje y llega a ser el futbolista con más partidos en la historia del equipo con 711 en total y tiene el récord de partidos de Liga con un solo club con 608.

Cristóbal, a lo largo de su carrera, ganó 6 campeonatos de Liga, 3 Campeón de Campeones, 2 Copa Interamericana y 3 Copas de Concacaf. Seleccionado nacional de 1977 a 1986 y mundialista en Argentina 1978 y México 1986. Es miembro del Salón de la Fama del Fútbol Nacional e Internacional. Jugó ocho años como extremo derecho y diez como contención. Su último partido fue el 15 de diciembre de 1991 durante la jornada 16 del torneo de Liga 91-92, en el estadio Corona contra el equipo Santos.

4 DE OCTUBRE DE 1987 — GOLAZO DE TENA

A lo largo de la historia el América nos ha regalado grandes goles. Uno de ellos se da este día en el triunfo de las Águilas ante los Zorros del Atlas en la cancha del Estadio Azteca.

Es, sin lugar a duda, un verdadero golazo. Alfredo Tena, capitán del América, cobra una falta atrás del círculo central y, de forma directa, tira sobre el arco de Celestino Morales logrando el tanto. El balón viaja más de 55 metros para incrustarse limpiamente en la cabaña rojinegra. Un gol para disfrutarlo una y otra y otra vez.

5 DE OCTUBRE DE 2005 — LA NOCHE DE KLEBER

El América juega la Copa Sudamericana contra el Atlético Nacional. En la ida, en el Memorial Coliseo de Los Ángeles, quedaron 3-3, por lo que las Águilas necesitan ganar en el estadio Atanasio Girardot de Medellín.

Parece muy difícil, la mesa esta puesta para el equipo local. El partido comienza y al minuto 22 Atlético se va al frente y pone el marcador 1-0, complicando más las cosas para el América que ahora necesita 2 goles.

Termina la primera mitad y no se ve por dónde pueda hacer daño. En la segunda parte, al minuto 59, Aarón *el Gansito* Padilla logra el empate a un tanto. Los minutos pasan y aunque el América llega en varias ocasiones, no puede anotar.

El Piojo López y Cuauhtémoc Blanco comienzan a llenar de centros el área colombiana. De pronto, el brasileño Kleber despierta y hace de esa su noche. Anota al minuto 70, tras un centro del Piojo, quien la pone como con la mano, Kleber remata de cabeza a boca jarro venciendo al arquero.

Cuauhtémoc recibe por la derecha desde la media cancha, escapa por la banda y pone un centro preciso a la cabeza del brasileño, quien remata, el balón pega en el poste y le vuelve a caer en la testa para contrarrematar y anotar el tercero del América y el segundo a su cuenta personal al 77.

La impotencia de la afición se hace sentir y comienza a llenar de líquidos al jugador que celebraba por la banda. Pero nada detiene a las Águilas.

Llega el minuto 83, Cuauhtémoc manda un picado al área que intentan rematar Padilla y López, el balón es rebotado y Kleber llega por el medio al área, tira pegado al poste para marcar el 4-1 que pone al América en cuartos de final y al brasileño con sus tres tantos, se nombra: Noche de Kleber.

6 DE OCTUBRE DE 1985 — TRES CONSECUTIVOS

Ante la cercanía del Mundial de Fútbol se decide jugar el campeonato 85-86 en dos torneos cortos para dar paso a la preparación de la selección. El primero de estos, denominado PRODE 85 por estar financiado por Pronósticos Deportivos, es ganado por el América, con lo que liga el tricampeonato.

En el juego de ida, el Tampico Madero, dirigido por Carlos Reinoso, el América sufre una debacle de la que difícilmente un equipo puede levantarse al ser sentenciado 4-1.

Afortunadamente, las Águilas no son cualquier equipo. El Estadio Azteca recibe a los equipos este 6 de octubre en la gran final. Los primeros 45 minutos resultan decepcionantes. El América llega una y otra vez y no puede anotar. El partido parece definido.

En el segundo tiempo, las cosas son diferentes. Un joven canterano, surgido quién sabe de dónde, se convierte en la estrella del campeonato. Su nombre: Efraín *el Fany* Munguía, que comienza a desequilibrar a la defensiva porteña.

América mantiene su proclividad ofensiva y las cosas dentro de la cancha mejoran, hasta en las tribunas los aficionados del cuadro capitalino se animan presintiendo lo que vendrá.

Al minuto 54, Ricardo Peláez anota aprovechando que Munguía jala la marca. Tres minutos más tarde, Munguía es lanzado a fondo una vez más y al llegar al área es detenido de fea forma. Eduardo Bacas cobra el tiro penal y pone las cosas 2-0.

Al minuto 80, un tiro de Ramón Ireta aumenta el marcador 3-0. El global muestra un empate a 4

Así, con los aficionados de pie trémulos de emoción, el partido se va a tiempos extras. Ambas escuadras se lanzan con todo para obtener el gol que les permita lograr el campeonato.

El América luce ya cansado, el desgaste es tremendo. Finaliza el primer extra y al comenzar el segundo, Zelada, nuevamente el héroe, desvía un tiro que pinta claramente para gol.

Y una vez más, Munguía, sacando fuerzas de flaqueza, desborda, hace un hoyo en la defensa enemiga y encara al portero, al que no le queda más remedio que cometer la falta. Eduardo Bacas cobra convirtiendo el gol del triunfo. El marcador global refleja un 5-4 que parecía imposible de lograr.

El sueño jaibo queda hecho trizas, despedazado sobre el terreno de juego. El América corona su tercer campeonato en forma consecutiva.

Los héroes de esta tarde memorable son: Héctor Miguel Zelada; Manolo Rodríguez, Efraín *Cuchillo* Herrera, Alfredo Tena y Vinicio Bravo; Cristóbal Ortega, Eduardo Bacas y Juan Antonio Luna; Efraín Murguía, Gonzalo Farfán y Ricardo Peláez. De cambio entra Ramón Ireta.

7 DE OCTUBRE DE 1978 — PATADÓN Y DESCONTÓN

América gana 3-2 a la Universidad de Guadalajara, corre el minuto 88 y el árbitro señala una falta cerca del área Crema. Chavarín quiere ejecutar con rapidez y Toño de la Torre se para en frente del balón para impedir el madruguete. Chavarín, desesperado, hace el amague de pegarle duro al balón y, para su mala suerte, golpea a De la Torre. El árbitro Mercado expulsa al Astro Boy y este, furioso, se va sobre Toño de la Torre, que sigue en el piso, y le asesta una tremenda patada en un costado.

Los jugadores del América, ante la cobarde agresión, se van en contra de Chavarín y lo tunden a patadas. Intervienen los suplentes y los entrenadores. Se hace una batalla campal todos contra todos a patadas, codazos y descontones. El partido en el Azteca termina con siete expulsados, incluyendo el director técnico Raúl Cárdenas, quien solo entra a separar.

---

7 DE OCTUBRE DE 1994 — CUATRO DE BIYIK

Francois Omam Biyik es el primer jugador africano en la historia del fútbol mexicano en marcar cuatro goles en un mismo partido, esto ocurre esta tarde, durante el triunfo de 7-3 al Morelia en el Estadio Azteca. El América se sobrepone a un 0-2 en contra para una remontada sensacional, en la que el jugador de Camerún es la gran figura.

---

8 DE OCTUBRE DE 1920 — MAMÁ Y PAPÁ

El jugador del América, Alfredo García Besné, participa y gana un concurso literario de novela corta organizado por el diario *El Universal*. El premio es de 500 pesos y la obra premiada se titula: Mamá y Papá.

---

9 DE OCTUBRE DE 2011 — EL DEBUT DE JIMÉNEZ

Tras conquistar varios títulos a nivel juvenil, Alfredo Tena, ídolo del América y entrenador en este momento del equipo, decide debutar este día a Raúl Alonso Jiménez, un joven canterano con mucho talento.

Con el número 47 en el dorsal, Jiménez entra de cambio y juega el segundo tiempo ante el Morelia y, aunque tarda en consolidarse, luego de su participación en los Juegos Olímpicos del 2012 en Londres, en donde logra la medalla de oro, se hace referente del conjunto y, tres años más tarde, cumple su sueño de ser vendido al fútbol europeo.

---

10 DE OCTUBRE DE 1918 — NUEVA PLAYERA

El América cambia de nombre unos días atrás a Centro Unión, por lo que este día presenta su nueva playera. En lugar de la crema con el escudo del continente, ahora es blanca y el emblema del Unión lleva

las letras en Art decó entrelazadas, además, el pantaloncillo pasa a ser negro.

Con esta nueva imagen se inscriben en la Copa Amistad, organizada por el naciente Club Asturias.

---

11 DE OCTUBRE DE 1992 — ¿QUÉ TIENES EN LA MALETA?

Quien fuera un extraordinario defensa Azulcrema en la década de los ochenta, Vinicio Bravo, presenta el día de hoy su libro ¿Qué tienes en la Maleta?, en donde cuenta una serie de anécdotas vividas desde su niñez y juventud a su paso por el primer equipo, en donde logra varios títulos.

Este libro, que no es fácil de conseguir, por cierto, es una verdadera joya para los americanistas de corazón.

---

12 DE OCTUBRE DE 1916 — NACE EL CLUB AMÉRICA

En el año de 1916, en el Colegio de Mascarones de Santa María La Rivera, un grupo de alumnos liderados por Rafael Garza Gutiérrez —un espigado muchachito rubio de recio carácter y gran determinación— y su primo Germán Núñez Cortina, joven serio y con presencia, deciden crear un equipo con los mejores elementos del colegio.

Reunidos en la casa de doña Calixta Gutiérrez, viuda de Domínguez, tía de Germán, en la calle de Alzate #136, la agrupación futbolística se conformó recibiendo el nombre de Récord.

Por su parte, en el Colegio Marista de la Perpetua se forma un equipo de fútbol estudiantil denominado Colón. Este conjunto cuenta con pocos jugadores, todos entusiastas, pero cuyos logros son efímeros al no poder conjuntar, en muchas ocasiones, el once inicial.

El entrenador el equipo, Eugenio Cenoz, es uno de los profesores que gusta del fútbol y que dedica su tiempo libre a pulir a estos muchachos, les propone unirse con algún otro conjunto para lograr una mayor competitividad. El portero del Colón, Ignacio de la Garza, propone al Récord, equipo en donde participan sus primos.

El equipo de Mascarones cuenta con suficientes jugadores de calidad: Germán y Eduardo Núñez Cortina, José y Manuel de la Garza, Luis y Carlos Brehm, Leobardo Salido, Rafael Garza Gutiérrez y Jorge Pereda, entre otros, pero carece del equipamiento necesario y solo tiene un balón en buen estado.

Los de la Perpetua, por su parte, tienen prometidos varios metros de tela del color que elijan para confeccionar los uniformes, además de dos balones ingleses de gran manufactura.

Conformadas ambas partes, deciden reunirse el 12 de octubre de 1916 en los llanos de la Condesa para darle forma al nuevo conjunto. Las propuestas sobre el nombre son muchas, pero prevalece la de Pedro *Cheto* Quintanilla, quien sugiere el nombre de América, puesto que este día de la reunión se celebra un aniversario más del descubrimiento del nuevo continente. El nombre es aceptado por todos y así nace el Club América.

12 OCTUBRE 1991 — COPA INTERAMERICANA Y FUERA MILOC

Se juega la final de la Copa Interamericana, el partido es muy ríspido. Al minuto 50 César Romero, *Romerito,* entra de mala forma a Edú, al que casi le causa una fractura. El entrenador del América, Carlos Miloc, ingresa molesto al terreno de juego por lo que acaba de suceder y Fermín Balbuena del Olimpia le dice algo. Miloc, sin pensarlo, le tira un derechazo al rostro y Delgado se va enfurecido sobre Miloc, quien cae noqueado. Se genera una bronca que termina poco más de diez minutos después de iniciada. El América gana la Copa Interamericana, pero pierde a su entrenador. Carlos Miloc, avergonzado por su accionar, pone su renuncia y esta es aceptada.

13 DE OCTUBRE DE 1974 — EL DÍA QUE EL AMÉRICA DESCUBRIÓ A CRISTÓBAL

El gran cronista Ángel Fernández acostumbraba a decir que el 12 de octubre Cristóbal descubrió a América, pero al día siguiente el América descubrió a Cristóbal, haciendo referencia al debut del que llegó a ser el máximo exponente del americanismo, Cristóbal Ortega, quien defiende la camiseta azulcrema durante toda su trayectoria futbolística.

Hay que aclarar que Cristóbal ya había debutado en torneo de Copa diez días antes, pero en la Liga, la realmente importante, lo hace justo este día, y ni más ni menos que contra el odiado Guadalajara.

El encuentro termina con empate a dos tantos y un decoroso papel del debutante, de quien llegará a ser el jugador con más partidos disputados y títulos ganados en la historia del equipo América.

14 DE OCTUBRE DE 1918 — UN ITALIANO EN EL EQUIPO

Llega al equipo su primer jugador europeo, el italiano Alcidi Prodoscimi, un estudiante que juega bien al fútbol y que se encuentra en México con su familia por motivos de trabajo de su padre.

La estancia de Alcidi es apenas de una temporada y tan solo juega

algunos partidos, pero queda como el primer italiano en la historia del conjunto Azulcrema.

15 DE OCTUBRE DE 2005 – LOS 32 PARTIDOS

El América logra el récord de 32 partidos oficiales sin derrota, entre el 27 de febrero y el 15 de octubre de 2005 (28 de Liga, 2 del Campeón de Campeones y 2 de la Copa Sudamericana). Un récord en el fútbol mexicano que sigue presente hoy en día.

16 DE OCTUBRE DE 1970 – BORJA SE CASA

El ídolo del fútbol mexicano, Enrique Borja, se casa este día con Sagrario Baena, una cantante de ranchero a la que conoce en un programa de televisión al que es invitado.

Enrique le dice a Sagrario que se casarán cuando México organice una Copa del Mundo y, para su sorpresa, Guillermo Cañedo la consigue, por lo que tienen que poner fecha.

El día de la boda Borjita se siente mareado. Voltea a ver a sus compañeros de andanzas futbolísticas en plena misa, señalándose a sí mismo, y estos piensan que les pregunta sobre cómo se ve y todos a lo lejos le contestan con el pulgar levantado.

Borja en ese momento se desmaya y, una vez repuesto, la misa continúa con el futbolista sentado en una silla. Sagrario, bromeando, dice que se mareó porque el muchacho está embarazado.

La noticia de la boda de Borja da la vuelta al mundo, anunciando que un futbolista mexicano, mundialista y anotador en la Copa del Mundo de 1966, se desmayó el día de su boda.

17 DE OCTUBRE DE 1943 – DEBUT EN LA ÉPOCA PROFESIONAL

El Club América hace su debut en la primera temporada que se juega profesionalmente en México goleando 6-1 al ADO de Orizaba.

El partido, disputado en Orizaba, es magnífico. En la primera mitad, con dos anotaciones de Luis *Tití* García y dos de Octavio Vial, los Azulcremas ganan 4-0. En la segunda parte, Julio Orvañanos y Luis Proal completan la goleada. Por el conjunto local, el único tanto lo hace Muñoz.

Cabe mencionar que la prensa señala, como a los mejores hombres del partido, a los delanteros Vial y Tití y al mediocampista Ignacio Trelles ¡Sí! El mismo que años después será el mejor entrenador del fútbol mexicano.

---

18 DE OCTUBRE DE 1984 — EL NOVIAZGO DE HERMOSILLO

El joven jugador del América, Carlos Hermosillo, y la actriz mexicana, Laura Flores, el día de hoy anuncian su noviazgo. Al ser el goleador del momento y la actriz y cantante de moda, es muy comentado, tanto por la prensa de deportes como por la de espectáculos.

La historia comenzó tiempo atrás:

"Una vez me invitaron al programa X.E.T.U. de René Casados. Laura iba a cantar y yo la quería conocer, pero me llamaron para concentrarme con el América, por el tema de las finales, y no pude ir, por lo que le mandé un ramo de flores.

En las vacaciones me fui a Durango, en donde tenía que hacer unos promocionales, y con la suerte de que ella se presenta allá y la fui a ver. La saludé, quedamos de vernos, pero olvidamos intercambiar teléfonos.

De regreso a la Ciudad de México me entero de que está en una obra en el teatro Helénico. Fui a verla, pero justo ese día ella no actuó porque tenía que estar en el Festival OTI.

Días después, un amigo me dijo que estaría en el teatro en ensayo general. Por algunas cuestiones yo no estaba de humor, y me acosté, pero reaccioné a tiempo y fui a verla. Nos pusimos a platicar un rato y todo fue muy agradable.

Nos vimos los siguientes días y fui convocado a una gira que tendría la selección por Sudamérica, así que me dije es ahora o nunca. Era jueves y caminábamos rumbo a su casa cuando le pedí que fuera mi novia. Ella dijo que sí".

La historia del romance duró tan solo un par de años, pero el América gana a una seguidora. Laura Flores, que le iba a Cruz Azul, tras su romance con Hermosillo decide cambiar al América. El noviazgo terminó, pero ella y sus hijos, hasta la fecha, son fieles seguidores de las Águilas.

---

19 DE OCTUBRE DE 2016

Para celebrar con bombo y platillo los cien años del club, los directivos del América organizaron diversos eventos y, entre otros, destaca la creación de un himno, que se interpreta por primera vez el día 15 de este mes en el partido que el equipo juega contra los Xolos. Casi de inmediato se escuchan quejas porque el himno tiene gran parecido en algunas de sus notas con el del Sevilla.

El día de hoy el club saca un comunicado oficial deslindándose del himno que mandaron a hacer a un cantante mexicano que, al parecer, decidió irse por el camino fácil y tomar parte del himno sevillano. El comunicado, que aparece en todos los medios, es el siguiente:

"En previsión a los festejos del partido de celebración del Centenario del club con sus aficionados, el club solicitó al Sr. Jorge D'Alessio que escribiera, compusiera y produjera una obra por encargo que celebrara los #100AñosDeGrandeza del Club de Fútbol América.

El Sr. Jorge D'Alessio presentó dicha canción en el medio tiempo del partido previamente mencionado, el sábado 15 de octubre, contra Xolos en el Estadio Azteca, con el grupo Matute.

Si bien la obra musical es una obra original, ha causado algunas molestias, por lo que esta canción no volverá a ser utilizada por parte del Club de Fútbol América. Además, el club se deslinda de cualquier responsabilidad ligada a la creación de esta obra.

Finalmente, el Club de Fútbol América ofrece una disculpa a su afición y a toda persona que se haya podido sentir ofendida por la presentación de la canción.

Atentamente, Club de Fútbol América".

¿De quién es la culpa finalmente? De entrada, del autor del himno, pero los directivos también deben tener un mayor cuidado sobre a quién le encargan el mismo, porque la celebración se opacó causando grandes molestias a los millones de aficionados a las Águilas.

---

20 DE OCTUBRE DE 1987 — ¡PERMÍTAME TANTITO!

Ricardo Peláez Linares es uno de los jugadores nacionales que logra un nombre en el fútbol mexicano con base en su trabajo, carácter y tesón. Con un sitio entre los grandes rematadores de cabeza, pasa a la historia como el mejor goleador del equipo Necaxa. Sin embargo, la forma en la que llegó al conjunto Rayo es digna de ser comentada.

Peláez debuta en 1985 con las Águilas del América. De inmediato demuestra sus dotes de goleador. En apenas 14 partidos logra 13 tantos. Su clase, su dedicación y ganas de ser alguien en el fútbol dan frutos. Enseguida es considerado titular en un equipo en el que, a otros, inclusive consagrados, les cuesta años de intentos.

Tras el torneo PRODE 85, el México 86 (dos torneos cortos que se jugaron en lugar de la temporada 1985-1986) y la temporada 1986-1987 ya tiene un lugar asegurado en la titularidad del América, aunque una lesión en el quinto metatarsiano parece frenar por un momento la carrera del espigado y letal delantero.

El argentino Cayetano Rodríguez se hace cargo del América en 1987 y Ricardo Peláez, preocupado, se acerca al timonel para saber cuál es su situación, porque ve que el argentino poco lo toma en cuenta en los entrenamientos.

Rodríguez, le da largas a Ricardo cuando este le pide que platiquen un momento.

"Che, me agarraste ocupado, mañana platicamos..."; "Che, disculpa, pero me tengo que ir, mañana sin falta sí vemos tu asunto..."; "Pero Che, ahora no puedo, pero por la tarde te lo prometo, nos sentamos a platicar...".

Los días pasan y Ricardo sigue esperando la ansiada conversación. Los registros están por cerrar y el delantero no sabe qué futuro le esperaba en la institución Azulcrema.

Al Necaxa, llamado el hermano menor del América, acababa de llegar otro sudamericano, por cierto, del mismo nombre que el estratega de Coapa: Cayetano, pero de apellido raro, en una sola sílaba: Re.

El técnico necaxista de inmediato se comunica con Ricardo y le dice sin preámbulos:

—Ricardo, te quiero en el Necaxa. Ya hablé con los directivos y si tú aceptas, de inmediato firmas tu contrato con nosotros.

Ricardo, que se siente molesto ante el trato del entrenador americanista, no lo piensa dos veces. Se decide por el Necaxa. Peláez todavía acude a un entrenamiento en Coapa, en donde entrena el América, y se pone a trotar. Cayetano Rodríguez lo llama:

—Che, ahora tengo tiempo ven a platicar.

Ricardo le contesta cómo lo había hecho Rodríguez en los días previos:

—Ahorita, deje que dé una vuelta más y voy para allá.

El delantero terminó la vuelta y siguió trotando.

—Ricardo venga para acá.

—Permítame tantito, deje que termine esta vuelta y voy con usted.

Unas vueltas más y Cayetano Rodríguez, ya molesto, suena su silbato y le vuelve a decir:

—Ricardo, lo estoy hablando, venga de inmediato para acá.

Peláez, quien sigue trotando, le grita:

—Espéreme, llego al otro lado y voy corriendo con usted.

Efectivamente, Ricardo Peláez llega al otro lado, pero una vez ahí toma la puerta de atrás, se va a bañar, recoge sus cosas y parte rumbo a una nueva vida llena de éxitos con el Necaxa, el hermano menor, que en los años 90 es considerado el equipo de la década y en donde uno de los mayores referentes del conjunto es, sin duda alguna, Ricardo Peláez Linares.

21 DE OCTUBRE DE 1917 — EL PRIMERO DE LIGA

El América juega su primer partido de Liga en su historia, su rival es el equipo Junior. Los jóvenes estudiantes pierden 0-1, con gol de penal, debido a una mano de Rosales.

La primera alineación del América en la División de Honor es:

Nacho de la Garza; Rafael Rosales Gómez, Leobardo *el Yaqui* Salido; Luis Fabré, Adeodato López y Fernando *Pescuezón* Sierra; Julián Sierra Besugo, Alfredo *Fofo* García Besné, Abel Flores Reyes, Guillermo Gómez Arzápalo y Francisco Gutiérrez Hudson. El árbitro es Eduardo Castellanos.

21 DE OCTUBRE DE 1973 — CLÁSICO EXTRAÑO

El Estadio Azteca recibe al América y al Guadalajara en un partido más del Clásico de Clásicos, sin embargo, hay algo diferente.

La zona de las áreas de cada lado están completamente pintadas de blanco ¿Quién dio la orden? Nadie lo sabe.

El arbitraje, encabezado por Javier Galindo como juez principal, se quejan de esto, pero no hay nada que hacer, se tiene que jugar. El estadio está al lleno máximo, los equipos presentes, la televisión lista y no parece una causa determinante para suspender el encuentro.

Cuando la imagen de la televisión se centra en cualquiera de las áreas, parece como si se estuviera jugando en un campo nevado. El partido termina con marcador favorable a los visitantes 1-0, aunque al otro día, la nota en los diarios es la cancha pintada de blanco en el Estadio Azteca y no tanto el marcador.

21 DE OCTUBRE DE 1994 — 8-1 INOLVIDABLE

El Coloso de Santa Úrsula, el Estadio Azteca, recibe a las Abejas Africanas de Beenhakker, que enfrenta a los Correcaminos de la Universidad Autónoma de Tamaulipas.

El América, comandado por Omam Biyik, que está en plan grande, logra la máxima goleada en la historia del club en un torneo de Liga ganando 8-1.

Los goles son obra de Biyik, Zague y Cuauhtémoc, cada uno en dos ocasiones, Kalusha y Paco Uribe cierran la cuenta. Una temporada inolvidable que desafortunadamente no termina en campeonato, pero partidos como el de hoy hicieron de esta temporada una de las mejores en la historia del América.

22 DE OCTUBRE DE 1922 — REUNIFICACIÓN DE LA LIGA

La Liga está separada un par de años y se logra la reunificación, logrando el Campeonato de Primera Fuerza. Como primer partido se elige el platillo fuerte de la Liga, el América-España.

El joven equipo Azulcrema se impone a los hispanos, en donde la mayoría de sus jugadores ya son veteranos futbolistas que, si bien se conocen las mañas, ya les falta la velocidad y enjundia que a los del América les sobra.

El marcador final es de 2-0 a favor de los americanistas con goles de José *Camote* Izquierdo y Alfredo García Besné, y pudo ser mucho más abultado. Los Cremas dieron muestra de lo que se vendría más adelante. En los próximos años tomarán el control del fútbol mexicano.

23 DE OCTUBRE DE 2010 — EL TÚNEL 4

El día de hoy se lleva a cabo una ceremonia en el Estadio Azteca, en donde el invitado especial es el llamado *Capitán Furia*, Alfredo Tena, quien recibe el honor de que el Túnel 4, a partir de este momento, lleve su nombre.

Tena es uno de los máximos ídolos del equipo. Un verdadero líder, en toda la extensión de la palabra, que llenó de títulos las vitrinas Azulcremas. En su casa le dicen el Alemán, por su disciplina.

Durante la ceremonia, su hermano Francisco cuenta que desde niño era un apasionado del fútbol:

"En una ocasión, mientras nuestra madre preparaba las cosas para hacer un pastel, se dio cuenta de que la harina que había dejado en la mesa no estaba, la buscó por todos lados y no aparecía. Se asomó por la ventana y vio que Alfredo, con 7 u 8 años, estaba 'pintando' su cancha de fútbol tranquilamente con la harina destinada al pastel".

Alfredo Tena, gloria del América, es ya un inmortal en el Estadio Azteca.

24 DE OCTUBRE DE 1971 — EL DÍA QUE EL LEÓN LE GANÓ LA FINAL AL AMÉRICA EN EL AZTECA

El papá de Duilio Davino, uno de los emblemas del América, fue uno de los protagonistas de aquel partido en el que el León le ganó una final al equipo azulcrema. A casi cincuenta años de aquel acontecimiento, el llamado *Tarzán* Davino, sigue recordando lo que para cualquier equipo significa ganarle a nuestro amado América el Campeón de Campeones:

"Llegamos y el estadio estaba lleno. El Azteca en todo su esplendor y el América es el campeón, sabíamos que era difícil ganar, pero íbamos con la convicción de hacerlo. Por otro lado, sabíamos que en León la gente nos esperaba lista para celebrar, porque creía en nosotros. Toño Carbajal era nuestro entrenador y teníamos grandes jugadores como Albretch, *Ruso* Estrada, Salomone, Valdez, Mario Ayala, Santoyo, Darío Miranda y ellos contaban con Carlos Reinoso, el mejor jugador extranjero, además de Enrique Borja, el goleador e ídolo.

Finalmente, jugamos mejor que ellos, y dar la vuelta olímpica en el Azteca es algo único que no tiene precio. Ganamos el Campeón de Campeones y lo que ya queríamos era irnos de regreso a León, con nuestra gente, para festejar. No cabe duda, un campeonato, cualquiera que sea, es único, pero ganarle al América viste mucho, es un extra para cualquier equipo".

¡Claro que viste ganarle al América! Por eso su hijo prefirió jugar con los mejores.

---

25 DE OCTUBRE DE 1987 — ROMPIENDO UNA RACHA

El América le gana al Necaxa 3-1 y rompe la racha sin anotaciones que tiene el conjunto electricista, cuyo récord quedó para el portero Navarro en 683 minutos sin anotación, una marca que duró mucho tiempo.

Carlos Hermosillo tiene la distinción de ser el primero en anotarle al Necaxa en la temporada y el equipo rival y todos los que querían que la racha siguiera los odiaron, pero el América está para ganar y romper cualquier racha.

---

26 DE OCTUBRE DE 1958 — CON LA DEL NECAXA

El equipo Oro visita al América en el estadio de Ciudad Universitaria. El partido se retrasa más de 20 minutos debido a que el conjunto de Jalisco trae playeras muy similares a la de los locales.

El Oro exige que el América cambie el color de sus playeras, pero no tienen, deberían ir a las oficinas del club por otras y no están dispuestos, ya que el Oro debería traer la de visitante, no la de local.

Ante la negativa, finalmente el Oro tiene que ocupar las camisetas empapadas en sudor del equipo de la Reserva del Necaxa, que acaba de jugar en el encuentro preliminar.

Tal parece que el sudor de los jóvenes necaxistas le dio un extra a los oros porque terminan ganando el partido.

27 DE OCTUBRE DE 1946 — AGRADECIENDO AL CAPI MONTEMAYOR

El León y el América se enfrentan este día y antes de comenzar el partido, Florencio Caffaratti, delantero del América, le da una medalla al capitán del León, Alfonso Montemayor, con una inscripción de agradecimiento al hombre que le salvó la vida.

Todo ocurrió unos meses atrás cuando en el partido del 9 de mayo, en un encuentro pasado por agua, el León se impone al América 5-2. El resultado es lo de menos y pasa a segundo plano, ya que lo realmente importante de este encuentro es que, en una acción, el futbolista argentino, por la inercia de la jugada, sale del campo por la portería leonesa y toca la reja que separa a la afición de la cancha. En ese momento le viene una descarga eléctrica debido a un cable del alumbrado que está en contacto con la reja y con el agua.

El capitán del León, Montemayor, se da cuenta y, con rapidez, se avienta sobre Caffaratti para apartarlo de la reja, una acción temeraria que pudo ser mortal para ambos jugadores, pero que afortunadamente no pasó a mayores.

Es por esto por lo que en este cotejo, que es el siguiente partido entre ambas escuadras, el jugador americanista le da el reconocimiento a Montemayor por salvarle la vida, olvidando en ese momento que eran rivales. Contrarios en la cancha, pero compañeros de profesión.

28 DE OCTUBRE DE 1969 — LA LLEGADA DE SCOPELLI

El día de hoy, la directiva del América anuncia la llegada del argentino Alejandro Scopelli en lugar del peruano Walter Ormeño en la dirección técnica del club.

Scopelli fue mundialista en 1930 por Argentina, uno de los primeros jugadores sudamericanos en actuar en el fútbol europeo y como entrenador había conducido a los Azulcremas en el bicampeonato de Copa 1964 y 1965 y gran parte del torneo de Liga 1965-1966 en donde el América fue campeón, pero por motivos de salud no terminó la temporada.

Gran amigo del club, *el Conejo* Scopelli es quien recomendó a Carlos Reinoso al equipo, ya que lo tuvo cuando dirigió a la selección chilena entre 1966 y 1967.

29 DE OCTUBRE DE 1977

El América tiene un partido en contra del Puebla. Los jugadores se reúnen tal y como se les pide para el encuentro, pero el defensa argentino Miguel Ángel Cornero no llega a la cita.

Resulta que, en mala lid, el presidente del Cruz Azul, Billy Álvarez, negoció en lo obscuro con el jugador y le ofreció el doble de sueldo de lo que ganaba en el América, por lo que el defensa, deslumbrado por unos cuantos billetes, decide por sus pistolas que ya no jugará en el conjunto Azulcrema.

Guillermo Cañedo, presidente del club, al saber el motivo, molesto, tras el partido con el Puebla, cita al jugador para imponerle una multa, pero el que llega es Billy Álvarez, quien, con chequera en mano, y con soberbia, dice que va a pagar la multa y quiere el precio de Cornero, porque ya no va a jugar con el América.

Guillermo Cañedo, molesto le dijo:

—Si me lo hubieran pedido, se los doy gratis por la amistad que tenía con tu padre, que era una excelente persona, pero por la trastada que me hicieron, tienes que pagar al Club América 400 000 dólares si lo quieren.

Álvarez abrió su chequera e hizo el documento con la cantidad estipulada. El jugador costó a los Azulcremas apenas 20 000 dólares dos años atrás. El América perdió un valioso elemento, pero ganó una gran cantidad por su traspaso. Si el jugador ya no quiere estar en el club, lo mejor es que se vaya y si es vendido a un sobre precio, mejor.

30 DE OCTUBRE DE 2011 — EL PRIMERO DE JIMÉNEZ

Raúl Jiménez anota su primer gol con la casaca del América en el partido contra Puebla. El joven de 20 años debuta apenas tres semanas atrás.

Se juega el minuto 2 cuando Raúl, con un gran olfato de goleador, clava su primer tanto. Tres años más tarde ya juega en el fútbol europeo.

31 DE OCTUBRE DE 1968

La selección mexicana se enfrenta al poderoso Brasil en Maracaná. El equipo sudamericano juega con todas sus estrellas, incluyendo al Rey Pelé, ya que se prepara para los Juegos Olímpicos y para el Mundial de 1970.

Aquella noche, México logra el único triunfo del tricolor en la historia en la cancha del Maracaná, el marcador 2-1. El joven que anotó el gol definitivo pertenece al América y es el alma de la Selección: Javier *Chalo* Fragoso.

El delantero forjó su nombre en letras de oro ganando, con los Azulcremas, el primer título de la era profesional en la temporada 1965-1966 y con la selección mexicana jugó en dos Copas del Mundo, 1966 y 1970.

Al finalizar el encuentro, Pelé se encuentra rodeado por jugadores mexicanos que quieren su camiseta, pero él amablemente se las negó, en cuanto vio a Fragoso le sonrió, se acercó a él y se la ofreció. El americanista intercambió la playera con el rey del fútbol, quien felicitó al mexicano por su gol y por el triunfo:

—Nos veremos en México en el Mundial, eres bueno.

Le dijo y se despidió con un apretón de manos.

NOVIEMBRE

1 DE NOVIEMBRE DE 1985 — EL DEBUT DE ZAGUINHO

Debuta con las Águilas un joven que se convertirá en el máximo anotador en la historia del equipo: Luis Roberto Alves, *Zaguinho*.

Hijo de la leyenda Azulcrema José Alves, *Zague*, pasa gran parte de su niñez y adolescencia en Brasil, pero él desea jugar en el América de México.

Es en este torneo, México 86, en la jornada 4, en el encuentro ante la Universidad de Guadalajara, en el que entra por primera vez al terreno de juego con la camiseta americanista. Zaguinho o Zague, porque se le conoce de las dos formas, suple a Eduardo Bacas y, aunque nervioso, da muestras de su talento. El director técnico que lo debuta es *el Zurdo* López.

Recuerdo muy bien ese momento, ya que me encontraba en las tribunas y pensé que se trataba de un joven brasileño que intentaba mostrarse en el fútbol mexicano. Gran sorpresa causó que fuera hijo de Zague y, además, mexicano. Quién diría que con el tiempo sería uno de los ídolos más queridos.

2 DE NOVIEMBRE DE 1944 — LA JUVENTUD DE CAMACHO

En la época profesional de la historia del Club América, el jugador más joven en participar en la Primera División es el gran guardameta Manuel Camacho Meléndez, quien debuta hoy a los 15 años, 6 meses y 25 días.

Y no solo es el debut, sino que lo hace realmente bien. El América gana 4-1 y el mejor elemento es justamente el joven arquero.

Manuel Camacho es seleccionado nacional, mundialista en 1958, se dice que es el primer portero en traer guantes a México y fue justo tras el Mundial de 1958 en donde otro guardameta le obsequió un par.

Desafortunadamente no tiene más Copas del Mundo porque le toca la época de Antonio Carbajal y del *Tubo* Gómez.

3 DE NOVIEMBRE DE 1946 — DERROTA QUE DUELE

El día de hoy el conjunto Azulcrema sufre la peor derrota en su historia al ser goleado 9-2 por el Atlas. Una verdadera masacre y que queda ahí para no olvidarla y que jamás se repita. El portero del América, quien mucho tuvo que ver con la mayoría de los goles, es Francisco *el Guayo* Gutiérrez. Cabe mencionar que luego de esta feria de cuero el Guayo prácticamente se olvidó de la portería.

4 DE NOVIEMBRE DE 1917 — EL PRIMERO DE LA LIGA

El América consigue su primera victoria en la Liga derrotando 2-0 al Deportivo Español, antecedente del Asturias, con dos tantos de Abel Flores Reyes, quien es además el jugador que anota el primer gol en la historia del América en partidos de Liga.

5 DE NOVIEMBRE DE 1954 — EL GRAN BATATA

El día de hoy nace en Paraná, Brasil, Nilton Pinheiro Da Silva, *Batata*, una de las máximas joyas que han llegado al América.

Extraordinario jugador, de gran clase, poseedor de una gran técnica, driblador y hombre de grandes goles. Llega al América a media temporada, en enero de 1981 y en su debut realiza una gran jugada en un palmo de terreno ante el Guadalajara, ganándose de inmediato los corazones de los aficionados.

Así como debutó ante las Chivas, su despedida también fue frente a ellos en el partido de vuelta de la semifinal de la temporada 1982-1983. Es considerado uno de los mejores extremos derechos en la historia del club, disputó 102 partidos y anotó en 19 ocasiones.

6 DE NOVIEMBRE DE 1966 — LA APUESTA DEL COCO

Jorge *Coco* Gómez apuesta con Arlindo:

—Quien anote un gol el día de hoy (en el partido contra el Necaxa), tendrá al otro de 'gato' (sirviente) por un día completo, ¿te parece?

Arlindo acepta y con tan mala suerte que el único tanto americanista es obra justamente de Gómez.

El Coco se la cobra bien y bonito. Resulta que pocos días después organiza una cena para pedir a su novia en matrimonio. A la cena va gran parte de la familia de la novia, del novio, algunos amigos y varios jugadores del equipo, incluyendo al brasileño, pero este último no como invitado, sino como mesero de lujo.

Arlindo se la pasa sirviendo a los asistentes, entre ellos a sus compañeros, que se lo traen movidito durante todo el convivio y entre risas, de 'gato' no lo bajan.

El brasileño, cansado y molesto, solo atina a decir:

—Esto me pasa por apostar con mexicanos.

---

7 DE NOVIEMBRE DE 1937 — LA SELECCIÓN VASCA

En 1937, debido a la Guerra Civil en España, llegan a nuestro país el equipo Barcelona y la selección vasca. Esta última es prácticamente la selección española y trae elementos de la talla de Isidro Lángara, Luis Regueiro, Gregorio Blasco entre otros. Es prácticamente imbatible, a tal grado que golea a casi todos los rivales que enfrenta.

El día de hoy, en un magnífico partido, el América logra sacar el empate a dos goles. Es tal la euforia de los aficionados que varios jugadores del América son sacados en hombros para festejar tan espectacular encuentro y la prensa lo consigna como si de un triunfo se tratara.

---

8 DE NOVIEMBRE DE 1992 — PORTERO-DELANTERO

En la temporada 1992-1993 llega como entrenador el internacional brasileño Roberto Falcao, quien en realidad muy poco hizo para el equipo. En general se le recuerda más porque prefería ir a jugar golf que entrenar al conjunto y por lo ocurrido el día de hoy en el partido América contra Querétaro, en el que tiene la ocurrencia de poner como delantero al guardameta Adrián Chávez.

Chávez había perdido la titularidad porque a Falcao no le parecía que cada rato lo llamaran a la selección y, como castigo, tenía al internacional mexicano en la banca. Faltaban pocos minutos para que el partido terminara y, ante la desesperación y rechifla de los asistentes, al ver que muchos centros se perdían, Falcao tuvo la ocurrencia de decirle a Adrián que calentara, pero no para entrar en la meta, sino como delantero.

¡Así es! El espigado guardameta entró de cambio faltando 7 minutos para que el partido concluyera y lo hizo en la zona del ataque de las Águilas. Si el portero-delantero hubiera anotado, Falcao habría pasado a la historia como un visionario, pero no fue así.

Chávez nada pudo hacer, no era y nunca había sido delantero y solo se le vio perdido, se amontonaba con los demás y no en pocas ocasiones volteaba hacia la portería defendida por *el Gallo* García, como

añorando estar en ella.

Afortunadamente para Falcao, el América anota faltando dos minutos antes de que terminara el encuentro, pero definitivamente no es gracias al guardameta, quien nada puede hacer y nada tiene como delantero.

---

9 DE NOVIEMBRE DE 2014 — CON SABOR A LIGUILLA

Se juega la penúltima fecha del campeonato Apertura 2014, el América enfrenta al Toluca y es un partido que saca chispas. El conjunto que gane se queda con el liderato general. En caso de empate, las Águilas mantienen el mismo y se perfilan para recibir siempre en casa en las finales.

Es un partido de gran nivel futbolístico, con sabor a Liguilla. Dos de los equipos favoritos para obtener el título. El primer gol cae apenas al minuto 17, cuando Rubens Sambueza filtra un balón por donde entra *el Cepillo* Peralta, quien con un toque anida en la cabaña defendida por Talavera.

La escuadra del Toluca logra el empate mediante la vía penal al minuto 27. Así termina la primera mitad y en la segunda, al minuto 67, los Diablos dan la vuelta al marcador poniéndose adelante 2-1.

El América se lanza con todo en busca del empate y este cae finalmente faltando dos minutos para que el cronómetro fallezca. Otra vez Oribe Peralta es quien la mete con un remate a quemarropa entre varios toluqueños.

Termina el encuentro y con esto el América mantiene el liderato general, mismo que no perdería en la siguiente jornada y al final del torneo se alzará con un nuevo título de Liga.

---

10 DE NOVIEMBRE DE 1936 — HUELGA EN EL FÚTBOL MEXICANO

El fútbol en México se profesionalizó hacia 1943. Antes, se vivió la época romántica en la que los jugadores saltaban al terreno de juego por el deseo de hacerlo lo mejor posible, por el llamado amor a la camiseta.

En 1936, cuando ya en el ambiente se vivían los años previos a la profesionalización, muchos jugadores cobraban por debajo del agua o desempeñaban algún cargo en las industrias de los dueños de los equipos y por el cual obtenían algún dividendo.

El América estaba muy ligado con el gobierno. El Jefe del Departamento del Distrito Federal era fiel seguidor del club y, cuando la oportunidad se presentaba, ofrecía a los azulcremas empleos bien reditua-

dos dentro del Departamento de Estadística, el cual por supuesto solo conocían cuando iban cada mes por su cheque, aunque había casos de jugadores que sí trabajaban con un horario de 9 a 2 de la tarde.

Aquel año de 1936 —se encontraba en el poder el General Lázaro Cárdenas, cuyo gobierno apoyaba el derecho a huelga y otros derechos de los trabajadores como el contrato colectivo y el descanso obligatorio—, un grupo de jugadores del América, imbuidos por estos preceptos, decide formular este día y ante el club una serie de peticiones, indicando que, de no ser aceptadas, procederán a la huelga y se negarán a jugar el campeonato de Liga.

Las peticiones fueron las siguientes:

•Un contrato colectivo que garantice los servicios de todos los jugadores por dos años.

•Aceptación de la creación del Sindicato de Jugadores del Club América.

•Un pago mensual justo que garantice la economía familiar y que este pago sea por concepto de fútbol y no como resultado de alianzas con el Departamento del Distrito Federal.

•Seguro médico que garantice que, si un jugador se lesiona, le sea pagado el tratamiento y su sueldo mientras vuelve a jugar.

En un comunicado oficial, los directivos rechazaron las peticiones:

"Los directivos resolvimos rechazar la solicitud por considerarla enteramente improcedente. El club no podría echarse encima un compromiso como sería el hecho de firmar contratos con sus jugadores".

"Nosotros, los miembros de la directiva, estamos en nuestros puestos por exclusivo amor y cariño al club y por afición al deporte, y no podemos echarnos encima el peso de compromisos económicos que están desligados totalmente del aspecto deportivo".

"Consideramos que el caso de los jugadores es realmente lamentable. Y lo es porque los jugadores del primer equipo del club de la muchachada han quebrantado aquella vieja tradición del amor y el cariño a la camiseta y se han puesto en un plan francamente mercantilista".

Los directivos, que consideraban a los jugadores como mercantilistas, son los mismos que cobraban las entradas cada semana de juego, cobraban por la publicidad estática y por transmitir los partidos por la radio, por las almohadillas que rentaban en los estadios para que la gente de sombra estuviera más cómoda, por los refrescos, cervezas y tortas que se vendían en los mismos estadios.

Los jugadores, entes activos sin los cuales no hay espectáculo, tienen que acudir al servicio médico pagado de su peculio aun cuando sufran una lesión en la cancha. No tienen prestaciones de ningún tipo y cuando ya no sirven para patear de buena manera un balón simplemente se les desecha.

El grupo de futbolistas que inició la huelga termina por regresar al club con la cola entre las patas, ya que por un 'pacto de caballeros'

ningún otro equipo los acepta por disidentes.

11 DE NOVIEMBRE DE 1928

Conseguir tres títulos es difícil, pero cuatro consecutivos parecía imposible. Sin embargo, el América lo logra esta tarde, en una de sus más brillantes campañas.

Para esta temporada se adquieren los servicios de Pedro Suinaga, Guillermo Romero Vargas y Charles Newmayer, un inglés radicado en México que da gran movilidad al equipo.

Sus delanteros consiguen un total de 41 goles, de los cuales Ernesto Sota marca 16 para llevarse el título de goleo. Se logran catorce triunfos, dos empates y tan solo una derrota a manos del España.

El último partido de la Liga se juega el día de hoy, teniendo como rival al Aurrerá. El marcador favorece al América 3-1 en un partido de gran dinámica, con velocidad y precisión en los toques.

La alineación de esta memorable jornada es la siguiente: *Nacho* de la Garza, Hesiquio *Chico* Cerrilla y Charles Newmayer; Luis *Oso* Cerrilla, Rafael Garza Gutiérrez, *Récord,* y Guillermo Romero Vargas; Carlos Garcés, Manuel Márquez Acuña, Carlos Carral, Roberto Gayón y Alberto *Chaparro* Muñoz. Ernesto Sota, el líder de goleo, no jugó por estar lesionado.

Este mismo año, México participa por primera vez en fútbol en una Olimpiada, la de Ámsterdam 1928. De los 16 jugadores convocados, ¡nueve son del América! y todos titulares. Tal distinción muestra, sin duda, que el mejor club de fútbol de México ¡Cuatro veces campeón! Es el contundente América. Un equipo sin igual.

12 DE NOVIEMBRE DE 1934

Nace en Recife, Brasil, Edvaldo Isidio Neto, mejor conocido como Vavá, jugador internacional brasileño, mundialista en Suecia 1958 y Chile 1962, bicampeón del mundo y campeón de goleo en este último.

Llega al América en 1965, logra el campeonato de Liga de 1965-1966 y el bicampeonato de Copa, anotando en ambas finales. No permanece muchos años en el equipo, pero deja constancia de su calidad y gran clase.

13 DE NOVIEMBRE DE 1994 — UN CLÁSICO DE LUJO

En el estadio Jalisco, las Águilas del América y las Chivas del Guadalajara ofrecen, esta noche, el mejor Clásico de los últimos 20 años. El equipo de Leo Beenhakker se mide a las que han dado en llamar Super-Chivas dirigidas por Alberto Guerra.

Afortunadamente la consigna de ambos entrenadores es salir a ganar y esto ocurre desde el primer instante. Antes de cinco minutos, ya se tenían llegadas en ambas porterías.

El primer gol cae al minuto 17, cuando Kalusha Bwalya roba un balón a media cancha y se enfila hacia la meta enemiga, sacando un disparo pegado al poste izquierdo para una gran anotación.

Al minuto 37, mediante un tiro libre de Ramón Ramírez, el Guadalajara empata y, cuatro minutos más tarde, él mismo pone el 2-1.

El gusto les dura tan solo un minuto. Omam Biyik, con un potente disparo de pierna derecha que se clavó en ángulo superior izquierdo, logra el empate a dos. Parece que el primer tiempo termina así, pero justo al minuto 45 una pena máxima, a favor de los locales, y Daniel Guzmán adelanta a las Chivas 3-2.

En la segunda mitad, un público jubiloso por el espectáculo que brindan ambos equipos los reciben con aplausos. Al minuto 53, el América empata nuevamente, ahora por gracia de Zague, quien aprovecha un error del portero Celestino Morales.

Zaguinho y Blanco cambian posiciones y descontrolan a la zaga del Rebaño. Este último es quien logra el tanto definitivo al minuto 76, cuando, tras cobrar una falta Joaquín del Olmo dentro del área, remata de cabeza el de Tepito y se da el 4-3.

El América se queda con el triunfo, que pudo ser más amplio, porque le anulan a Biyik un gol legítimo. La afición se va contenta a casa por el espectáculo y las Águilas permanecen en la cima del campeonato una semana más.

---

14 DE NOVIEMBRE DE 1976 — BOTINES POR GUANTES

Esta tarde se enfrentan los Pumas de la UNAM y los Azulcremas del América. El equipo universitario sale inspirado y se pone al frente en el marcador, logrando también un segundo tanto.

Faltan pocos minutos para terminar el encuentro, Rafael *Wama* Puente, portero americanista, es expulsado. Antonio de la Torre, extraordinario mediocampista, se pone de portero emergente y lo hace extraordinariamente bien. Y aunque el América pierde el invicto, los comentarios de la semana se centran en el papel de Toño en la portería. "Le va a quitar el puesto al *Wama*", se decía.

Fue tal la impresión que causó en el entrenador Raúl Cárdenas el desempeño del mediocampista, que meses más tarde, en un partido amistoso en los Estados Unidos, el director técnico decide no llevar

portero suplente.

—Si por algún motivo tiene que salir Castrejón, va a entrar Toño en su lugar —comentó.

Todos se voltearon a ver sorprendidos, pero la decisión está tomada. Afortunadamente esto no sucedió, pero Cárdenas en verdad confía en el mediocampista en su posición de guardameta, a tal grado que trata de convencerlo de que cambie en forma definitiva los botines por los guantes.

15 DE NOVIEMBRE DE 1979 — EL PRIMERO DE LA ESCUELITA

A principios de la década, el América instaura una escuela de fútbol para niños dentro de las instalaciones de la Casa Club. Se le conoce por todos como La Escuelita del América.

Gracias a cientos de niños felices, aceptada por los padres, la convivencia que se genera entre las familias completas tiene un éxito inmediato. Todo mundo quiere pertenecer a ella y busca de ahí dar el paso al profesionalismo.

En la credencial y en el reglamento se leía la frase:

"El equipo profesional América es la base de tu escuela, supérate para llegar a él. Ser americanista es un orgullo, consérvalo".

El primer elemento, surgido de La Escuelita, en debutar en la Primera División es Rubén Abarca, quien el día de hoy tiene su gran oportunidad ante el Curtidores en la fecha 9 del torneo de Liga 1979-1980.

Abarca inicia en lugar del internacional brasileño Dirceu y en realidad se ve errático y perdido, por lo que en la segunda parte el técnico Roca decide sacarlo. El América gana 3-1, pero fue a pesar del debutante y no por su ayuda.

Hoy en día, Rubén cambió el fútbol por mujeres. Tiene una agencia con más de 1000 modelos y de eso vive desde que se retira del fútbol.

Después de algunas temporadas jugando, un día visitó el Cabaret Sugar en la Zona Rosa de la ciudad de México y su vida cambió para siempre. Se dio cuenta de que el fútbol no lo iba a hacer millonario, porque nunca logró despegar y comenzó a representar a algunas modelos. Gracias a sus contactos logrados durante su etapa en el fútbol consigue que algunas de sus representadas aparezcan en programas nocturnos de televisión y de ahí viene el despegue. De su debut con el América ya nadie se acuerda.

16 DE NOVIEMBRE DE 2008 — LA PEOR TEMPORADA

El América cierra su peor temporada de torneos cortos al quedar en el último lugar del certamen Clausura 2008 con tan solo 11 puntos con la trágica cifra de 3 ganados, 2 empatados y 12 partidos perdidos. Una verdadera vergüenza para la institución, para la afición y para el fútbol.

17 DE NOVIEMBRE DE 1928 — AGRADECIENDO A LA MORENA

El América conquistó hace unos días su cuarto campeonato de Liga consecutivo y las hermanas del jugador Germán Núñez Cortina, Socorro y Gracia, organizan el día de hoy una visita a la Basílica de Guadalupe para dar gracias por el favor concedido.

Acompañadas por varios de los jugadores, además de hermanas, madres y novias llevan un gran ramo compuesto por flores llamadas pincel, en colores azul y crema, y una bandera con los mismos tonos y el escudo del América.

El grupo le deja el ramo a la Virgen de Guadalupe, la llamada Virgen Morena, y se quedan a misa agradeciendo con devoción los cuatro campeonatos logrados por el conjunto de la muchachada. Al salir, entonan un "chiquitibum a la bimbomba, América, América, ra, ra, ra".

18 DE NOVIEMBRE DE 1990 — 17 EN LA CANCHA

América y Cruz Azul juegan un partido muy accidentado que es dominado por los Cementeros, pero por un error defensivo logra empatar el América casi al minuto 90.

Muchas cosas pasan en este encuentro, desde goles anulados, errores arbitrales, fallas garrafales y expulsiones de ambos bandos. Casi al comienzo del partido, una pifia del árbitro, quien anula un gol claro, da muestra de lo que pasará más adelante.

Al minuto 24 se da un intento de conato de bronca entre Farfán, Zague y Pedro Duana, quien agrede a Gonzalo y Luis Roberto llega al quite.

En la segunda mitad, al minuto 59 el Cruz Azul consigue el gol de la quiniela y a partir de ahí buscan mantener el marcador con todas sus armas, incluyendo los golpes para detener a la delantera americanista.

Cuando más atacan las Águilas, más violentas se tornan las acciones. Llega el minuto 73 y Hugo González da tremenda patada a Edú, evitando que el árbitro lo vea. Va con toda intención de lastimar al brasileño.

Edú se levanta enojado y corre hasta alcanzar a González reclamando la acción y le conecta un recto a la mandíbula dejándolo noqueado. Comienzan algunos conatos de bronca y el árbitro expulsa a Edú, dejando en la cancha al primer agresor.

Molesto el americanista, camino a los vestidores, le dice algo a Porfirio Jiménez, quien le asesta un cabezazo y se va expulsado. Servín interviene y también se va a las regaderas.

Luego de la bronca entre varios jugadores, también se van expulsados Duana y Cecilio de los Santos.

El América aprovecha el desconcierto de los azules, que siguen reclamando, y logra el empate con autogol de Esparza. La tragedia cementera terminó con el silbatazo del árbitro. Un punto para cada uno, cinco expulsados y un noqueado ¡Vaya partido accidentado!

---

19 DE NOVIEMBRE DE 1961 — EL LOBO SOLITARIO

Hace su debut con el América José Alves, *Zague*, el famoso Lobo Solitario, que llega con un contrato de palabra por dos años y se queda nueve en la institución Azulcrema.

Campeón goleador en la temporada 1965-1966, campeón de Copa en dos ocasiones y de Liga en la temporada 1965-1966. Es el extranjero que más anotaciones tiene con el club con 148 tantos en todas las competiciones y su hijo, Luis Roberto, el gran Zaguinho, es el mexicano con más goles en la historia del club con 224, un record a nivel mundial sin lugar a duda.

---

20 DE NOVIEMBRE DE1977 — ÍTALO ESTUPIÑÁN

Debuta con el América el primer jugador ecuatoriano en las filas del equipo, Ítalo Estupiñán. Una semana más tarde, ante el odiado rival del Guadalajara, logra su primer tanto y lo festeja con tal gusto que se gana de inmediato el cariño de los americanistas.

Estupiñán es parte importante en los campeonatos obtenidos de Concacaf contra el Robin Hood de Surinam y la Copa Interamericana contra el Boca Juniors de Argentina en 1978.

---

21 DE NOVIEMBRE DE 1956 — ALFREDO TENA

Nace Alfredo Tena, uno de los jugadores insignia del equipo. Es —junto con Cristóbal Ortega— el futbolista con más títulos en la institución con 14 en diferentes competencias: 6 ligas, 3 Campeón de Campeones, 2 Copas Interamericana y 3 Copa de Campeones de la Concacaf.

Alfredo es también el defensa con más goles en el club con 26 tantos. Reconocido como un símbolo, es parte del "Once ideal de todos los tiempos".

---

22 DE NOVIEMBRE DE 1983 — DEFENSA AMERICANISTA

La selección mexicana, comandada por Bora Milutinovic, enfrenta a la selección de Suecia. La defensa mexicana es totalmente americanista: Vinicio Bravo, Armando Manzo, Alfredo Tena y Mario Alberto Trejo.

Esta es, por mucho, la mejor zaga defensiva de la década de los ochenta en el fútbol mexicano.

---

22 DE NOVIEMBRE DE 1998 — EL CAMPEONATO DE CUAUHTÉMOC

Cuauhtémoc Blanco se proclama campeón de goleo del torneo Invierno 98. Tras quince años, un jugador del América logra de nueva cuenta ser el máximo romperredes.

Logró dos tripletes, a Tigres y Pachuca; 3 dobletes, a Tecos, Santos y Monterrey y una anotación a Toros Neza, Cruz Azul, Puebla y Atlas, este último un poema de gol.

---

23 DE NOVIEMBRE DE 1957 — LA LLEGADA DE FERNANDO MARCOS

Llega como entrenador al América Fernando Marcos, toma al equipo en los últimos lugares, faltando once partidos por disputarse y, ante la sorpresa de todos, tanto directivos como jugadores, dijo:

"Nunca he sido americanista. En este momento no soy americanista. Y jamás seré americanista, porque yo jugaba en el España y un día que ganábamos 5-0 faltando 8 minutos para que terminara el encuentro, el América nos clavó 6 y perdimos 5-6 y desde entonces soy antiamericanista, sin embargo, es una pena para mí que este equipo se encuentre en el último lugar, sitio que no merece por la calidad de ustedes, los jugadores. Vamos a demostrar que no son tan malos".

Marcos no solo sacó adelante al equipo, sino que los llevó a los primeros lugares y, una vez que dejó al conjunto, no volvió a dirigir. No lo habrá odiado tanto que decidió que jamás enfrentaría al América como rival.

---

24 DE NOVIEMBRE DE 2002 — RÉCORD DE PUNTOS

En el Apertura 2002, América consigue sumar 43 puntos, lo que es

el máximo de unidades de cualquier equipo en un torneo corto hasta la fecha. Durante las primeras diez fechas que lo dirige Mario Carrillo, concluye con 26 puntos de 30 posibles tras ganar 8 y empatar tan solo dos.

Se da entonces el regreso de Manolo Lapuente, técnico titular, quien había hecho campeón al América en el torneo anterior y que por problemas de salud dejó todo en manos de su asistente Carrillo.

Con Lapuente, el equipo viene a menos y de los nueve partidos dirigidos por Manolo, gana 5, empata 2 y pierde 2, no obstante, se logran los 43 puntos que son un récord del fútbol mexicano en torneos cortos.

25 DE NOVIEMBRE DE 1996 — FRACASO

Tras una temporada de terror, el América amanece con la cruda noticia de que por primera vez en 16 años no logra calificar a la liguilla del fútbol mexicano. Para este primer torneo corto, el de la temporada Invierno 1996, el América contrata al entrenador de moda, Ricardo Antonio La Volpe, que llega prometiendo el cielo y las estrellas, pero tras pésimos resultados, incluyendo la pérdida de 0-5 ante las odiadas Chivas, queda fuera del equipo en la jornada 5. El plantel es tomado por un viejo conocido, el exjugador Carlos de los Cobos, pero al final todo es inútil, ya que el conjunto toma una espiral descendente y queda muy lejos de la fiesta grande.

26 DE NOVIEMBRE DE 1972 — TRES CORAZONES

Uno de los grandes ídolos de cuadro azulcrema, el goleador brasileño José Alves, *Zague*, una vez terminada su estancia en México, luego de mantenerse a tope con el América por muchos años y seis meses con Veracruz, toma a su familia y se va a recorrer la República Mexicana, después lleva a sus hijos a Disneylandia y regresa a Brasil, en donde un dirigente del Corinthians, amigo del jugador, le aconseja comprar una máquina para fabricar tabiques.

Zague invierte casi todos sus ahorros, 100 000 pesos mexicanos, en el nuevo negocio y el día de hoy, 26 de noviembre, se inaugura. Su fábrica Tres Corazones (nombre dado por sus tres hijos) termina siendo una magnífica fuente de ingresos, produciendo 15 000 ladrillos por día.

Hombre agradecido, no solo sigue pendiente del América, comprando cada semana la *Gazetta sportiva*, que trae los resultados del fútbol mexicano, sino que nos deja el legado de su hijo, Luis Roberto, quien hará su propia historia.

27 DE NOVIEMBRE DE 1980 — QUEMANDO UNIFORMES

Una pila de uniformes americanistas arde el día de hoy en el club quemados por los propios jugadores y cuerpo técnico. Esto, que parece una aberración, tiene un porqué.

Semanas atrás, el América estrena uniformes, muy parecidos a los utilizados por Inglaterra en la Eurocopa. Eran unas playeras bonitas, bien confeccionadas y que son un regalo de la marca patrocinadora al equipo que, en el torneo anterior, terminó como líder del fútbol mexicano.

Pero algo sucede; desde que estrenan estos uniformes, el América no vuelve a ganar. Fue tal la racha de partidos jugando mal y perdiendo que los directivos deciden aceptar la sugerencia del utilero de quemar las playeras.

Todas y cada una de ellas ardió en llamas, no se conservó una sola. El América retomó la playera del año pasado y se olvidó de las malditas camisetas de la mala suerte.

28 DE NOVIEMBRE DE 1960 — LA EXPULSIÓN

Uno de los mejores guardametas que ha llegado a México es el peruano Walter Ormeño. Un portero elegante, seguro de manos, de más de 1,90 de estatura, carismático, sobrio y un líder dentro de la cancha.

El día de hoy, en el partido entre América y Toluca. El conjunto Crema gana 2-1 cuando faltan tres minutos para que termine el partido. En un choque contra un delantero choricero, Ormeño es expulsado. Ante lo que considera una injusticia, el *Gigante de Ébano* va a reclamarle al nazareno. Al momento de acercarse corriendo, tropieza con su compañero Juan Bosco y cae sobre el árbitro, quien considera deliberada la agresión.

Como dicta el reglamento, a Ormeño le dan un año de suspensión. Sin dinero y con una familia que mantener, marcha a una liga pirata en Canadá, que como no es reconocida por la FIFA, no es efectivo el castigo. Así, abruptamente, termina la carrera de uno de los grandes guardametas que ha tenido el América.

29 DE NOVIEMBRE DE 1925 — AMARGOS

Hace su debut el primer futbolista centroamericano en jugar con el América, se trata de Juan José Amargos, *Pinillo,* un elemento hondureño que estudia arquitectura en nuestro país y que es reclutado para el

equipo por Rafael Garza Gutiérrez.

Pinillo logra ganar un bicampeonato con el conjunto Azulcrema.

---

30 DE NOVIEMBRE DE 1972 — UN PENAL QUE NO SE COBRÓ

Casi finaliza el partido entre el América y los Toros del Atlético Español. Es el minuto 83. El encuentro está empatado y Zamora, del América, faulea al uruguayo Abayubá en el área. El árbitro Javier Galindo señala la pena máxima, pero los dos jugadores se trenzan en una pelea y son expulsados.

En el camino a los vestidores se siguen insultando. Al entrar al área de las escaleras Zamora agrede al uruguayo y comienza una batalla campal. Benito Pardo, del Atlético Español, va a defender a su compañero; *el Tarzán* Palacios del América entra en defensa de Zamora y los cuadros completos, incluyendo las bancas y el cuerpo técnico, se convierten en boxeadores de barrio.

Inclusive, Pedro Nájera, preparador físico del América, se agarra a trancazos con el entrenador de los Toros, Dagoberto Moll. El árbitro saca tarjetas a diestra y siniestra y da por terminado el partido. El penal nunca se cobra y el resultado queda finalmente 1-1.

DICIEMBRE

---

1 DE DICIEMBRE DE 1957 — ROMPIÉNDOSELA AL LEÓN

El equipo León tiene una racha de 34 partidos sin perder como local. Todo comenzó en la jornada 19 de la temporada 1954-1955 empatando 1-1 con Puebla en la cancha de la Martinica, que era su sede por aquel entonces. La racha prosigue hasta la jornada 12 de la temporada 1957-1958. El día de hoy enfrentan al América y quieren celebrar los 35 encuentros, pero no se lo permitimos.

Con tanto de González Palmer, el América gana 0-1 al conjunto León, ante la molestia de los aficionados locales. Esta racha de casi tres años, dos temporadas completas, 23 victorias y 11 empates fue récord durante poco más de dos décadas.

---

2 DE DICIEMBRE DE 1978 — LOS PRIMEROS DE TREJO

Mario Alberto Trejo anota sus dos primeros goles con el América, se los hace al Potosino y en cancha ajena, en el Plan de San Luis. Mario es el segundo defensa con más anotaciones en la historia del equipo con 25, solo por debajo de Alfredo Tena.

Su último tanto lo anota al equipo del Atlas en la semifinal de la temporada 1984-1985, con este gol le da el pase a las Águilas a la final del fútbol mexicano. Mundialista en 1986, Trejo es considerado uno de los mejores laterales en la historia del América.

---

3 DE DICIEMBRE DE 1922 — CON LOS OJOS CERRADOS

América se enfrenta al Tranvías dentro de la jornada 4 de Liga. En una jugada disputada, el balón abandona la cancha por atrás de la portería. El árbitro no sabe si marcar tiro de esquina a favor del América o saque de meta.

Sin saber qué hacer, va y le pregunta a un aficionado que está cerca

de donde el balón sale. Este, muy convencido, dice que es tiro de esquina a favor del América y de aquí nace el gol de Récord, con el que América gana el partido.

Después del encuentro, el aficionado confiesa que no vio quién tocó al final porque, al darse cuenta de que el esférico venía con todo, simplemente cerró los ojos por miedo a un balonazo.

4 DE DICIEMBRE DE 2005 — UNA MALA DECISIÓN

Luego de ganar el campeonato de Liga en el Clausura 2005, por obvias razones, se queda a cargo del equipo el director técnico Mario Carrillo. Es una acertada elección, ya que el equipo juega por nota y logra el superliderato del torneo, por lo que parece que logrará el bicampeonato y máxime cuando en cuartos de final se enfrenta a Tigres, el noveno lugar.

En el partido de ida, en la cancha de los felinos, el América gana con mucha facilidad 3-1, lo que hace suponer que en la vuelta, en el Azteca, las Águilas volarán y muy alto. Pero no es así.

El encuentro se juega hoy, 4 de diciembre, y es una verdadera pesadilla. Al minuto 35 los Tigres ya ganan 0-3, con un Walter Gaitán en plan grande.

En la segunda parte el superlíder aprieta y Kleber Boas hace el gol que pone el global 4-4, lo que le da al América el pase a semifinales.

El equipo se relaja y cuando ya termina el encuentro, los felinos anotan el 4-5 que da el pase a los visitantes y deja fuera al América campeón.

La lógica indica que Carrillo siga: campeones, superlíderes, el equipo solo tuvo una mala tarde. Sin embargo, el dueño del equipo tiene otra idea y, caliente como está por la derrota, le hace saber a Mario que está fuera del América. Una mala decisión que tendría consecuencias.

5 DE DICIEMBRE DE 1992 — EL DEBUT DE CUAUHTÉMOC

El balompié mexicano ve nacer, futbolísticamente hablando, a quien años después se convertirá en una de sus grandes estrellas; Cuauhtémoc Blanco Bravo. Con sus 19 años a cuestas salta a la cancha del Nou Camp de León para tener sus primeros minutos como americanista al ingresar de recambio al minuto 62 y comenzar una carrera de ensueño.

El Zurdo López, entrenador en aquel momento, recuerda el debut de Blanco de la siguiente manera:

"Fue la segunda vez que fui a América, llegué (para sustituir al despedido Roberto Falcao) un martes o miércoles y solicité a los juveniles más adelantados para ver con quién podía contar, vi a Cuauhtémoc y no lo dejé ir más. El domingo jugamos con Cruz Azul y salió al banco, y debutó al otro partido ante León porque tenía condiciones para jugar en Primera. Por su talento, su corazón y sus agallas era un jugador perfecto para estar en América, afortunadamente es el ídolo más grande del fútbol mexicano y una excelente persona".

"El debut de Blanco me valió el regaño de un dirigente azulcrema por quitarle el lugar a uno de los extranjeros que tenía la plantilla en ese momento, pero Cuauhtémoc tenía todo para estar ahí y destacar. Me tuve que poner firme en mi decisión y decir que ahí jugaba el de más capacidad, el que mejor andaba y Blanco era brillante, él ganó lo demás, lo demostró a todos".

---

5 DE DICIEMBRE DE 2019 — EL REY DE LAS SEMIFINALES

En el marco de la semifinal de ida del Torneo Apertura 2019, Morelia vs América, nuestro capitán, Paul Nicolás Aguilar Rojas, que sin lugar a duda ya forma parte de las leyendas de nuestra institución, superó a Luis Roberto Alves, *Zague*, en número de semifinales jugadas con 20 por 19 del máximo goleador en la historia del equipo.

---

6 DE DICIEMBRE DE 1977 — DEL RETIRO A LA ENSEÑANZA

La Escuela del América tiene un nuevo director, Enrique Borja; el gran ídolo del equipo y recientemente retirado, se hace cargo de la famosa escuelita, que ya cuenta con 1540 alumnos con edades de 6 a 15 años. Es la de mayor capacidad en su momento. Con Borja, la escuela creció incorporando a exjugadores en la labor de entrenamiento de los niños con clases integrales y servicio médico, además de torneos internacionales, creando una selección por categoría.

---

7 DE DICIEMBRE DE 2014 — LA INDISCIPLINA DE AGUILAR

Tras jugar los cuartos de final de la liguilla ante Pumas, los elementos del América se encuentran en el vestidor y, mientras se cambian, algunos comienzan a criticar la forma en que son dirigidos por Antonio Mohamed, ya que apenas logran avanzar a semifinales y, además, jugando a la defensiva, algo muy diferente al fútbol que manejaban con su anterior técnico, Miguel Herrera.

Paul Aguilar, el mejor lateral del fútbol mexicano en esos momentos, comenta al calor de lo acontecido:

—Mejor hubiéramos perdido para que se vaya ya ese puto argentino de mierda.

Lo que no sabe Aguilar es que Mohamed pasa justo por en frente del vestuario y escucha todo.

El Turco, claramente molesto, va a buscar a Ricardo Peláez y le dice:

—Se va Paul del equipo o yo renuncio en ese momento.

Todo esto, con las semifinales a punto de comenzar.

Peláez tiene que apoyar al técnico porque primero está el equipo. No hay tiempo de tratar de solucionar las cosas entre ambos personajes, uno es el entrenador y otro el capitán.

La directiva llama a Paul y le comunica que queda separado del plantel hasta nueva orden. El resto, todos lo saben, América da cuenta de Monterrey y de Tigres y logra el campeonato.

Mohamed, que ya sabe su futuro semanas atrás, se marcha del equipo y Aguilar, con una fuerte multa encima, pero reconociendo todo lo que le ha dado al club, regresa al primer equipo.

---

8 DE DICIEMBRE DE 2019 — RENATO

El América vence por marcador de 2-0 al equipo Morelia en el segundo partido de la semifinal del torneo mexicano, con lo que avanzan a la gran final.

El primer gol cae al minuto 37 obra de Renato Ibarra, quien festeja con el resto del equipo. El ecuatoriano no imagina que será el último gol que anotará con la escuadra americanista, ya que pasará por dos acontecimientos inesperados, primero una fuerte lesión que lo aleja de las canchas algunas semanas y, a comienzos de marzo del 2020, justo en el día internacional de la mujer, su equipo lo desliga de la institución por violencia familiar luego de tener un fuerte altercado con su esposa, la cual termina retirando los cargos unos días más tarde para evitar que el jugador se quede en la cárcel, pero este hecho le cuesta a Renato su matrimonio y su ascendente paso por las Águilas del América.

---

9 DE DICIEMBRE DE 1923 — LA PRIMERA SELECCIÓN MEXICANA

La selección mexicana de fútbol juega por primera vez en su historia; la base de esta es el Club América, reforzado con jugadores de Atlante, Guerra y Marina. El capitán es Rafael Garza Gutiérrez, *Récord*, quien también lo es del América.

El partido es México contra Guatemala y gana el selectivo mexicano 2-1. Jugarán de nueva cuenta el día 12 y el 16 de este mes, ganando 2-0 y empatando a tres tantos, el último de la serie.

9 DE DICIEMBRE DE 1979 — GOLES O BALAZOS

El Tampico juega con dos hombres menos por la expulsión de Revetria y Bertochi. Corre el minuto 80 y un aficionado, molesto porque el América gana 3-1, invade la cancha y golpea al abanderado sangrándole el rostro. Sacan al rufián y continúa el partido.

Al minuto 88, el árbitro expulsa a Armando Manzo por falta sobre Sergio Lira. Manzo sale despacito y dos jugadores del Tampico lo empujan para obligarlo a abandonar con prontitud. Ante la desesperación de que no termina por salir, Narciso Ramírez le suelta un codazo al elemento americanista, quien contesta con una patada y se genera una batalla campal entre los dos cuadros.

Pasan los minutos y los golpes siguen sin que el cuerpo arbitral pueda hacer algo, hasta que se escucha un balazo que viene de las tribunas, los aficionados invaden la cancha y los jugadores de ambos equipos huyen despavoridos.

10 DE DICIEMBRE DE 1974 — ELÉCTRICO BORBOLLA

Si bien es cierto que hoy en día un futbolista puede vivir toda una vida con lo que gana en diez años, no siempre fue así. En la década de los setenta, aun cuando el América era el equipo que tenía los mejores sueldos del fútbol mexicano, no alcanzaba para vivir bien, sin sobresaltos.

Es por esto que, no pocos futbolistas, tienen un apoyo en otra actividad económica. Hay quienes poseen una vidriería, como Antonio Carbajal; una tintorería, como Alfredo del Águila; una zapatería, como Carlos Reinoso o, en este caso, un autoservicio eléctrico, como Juan Manuel Borbolla, quien el día de hoy inaugura su local *Electrónico Borbolla* en Cerro del Tezoyo número 41, a una cuadra del metro Taxqueña y dos de la terminal de autobuses en la Ciudad de México.

11 DE DICIEMBRE DE 1927 — QUINTETA

Se juega uno de los partidos más esperados de la temporada, el América-Asturias. Encuentros que generalmente sacan chispas y pocas veces terminan en ceros. Y este no es la excepción.

Las llegadas se dan de ambos lados casi desde el comienzo del partido. Al final, el marcador nos da un empate de alarido a cinco goles por lado. El mejor jugador de los once es el delantero americanista Ernesto Sota, quien logra los cinco de parte de los Cremas.

---

11 DE DICIEMBRE DE 2006 — MUNDIAL DE CLUBES

El chileno Ricardo Rojas anota el primer gol en un Mundial de Clubes para el América. Esto es al equipo Jeonbuk Hyundai Motors. El gol les da el pase a semifinales a las Águilas.

---

12 DE DICIEMBRE DE 2013 — UNA FINAL DIFERENTE

El América pierde la final de ida de Liga ante el equipo León 2-0. Es el primer partido de final en la historia de la Liga que no es transmitido por televisión abierta, ni Televisa ni TV Azteca tiene los derechos.

Millones de aficionados tienen que buscar alternativas: Fox Sports por televisión restringida; Viva Sports, televisión satelital; Uno TV a través de internet o en una sala cinematográfica a través de Cinépolis.

---

13 DE DICIEMBRE DE 1902 — RAFAEL GARZA GUTIÉRREZ, *RECORD*

Nace, en la ciudad de México, Rafael Garza Gutiérrez, *Record*, pionero y fundador del Club América.

Rafael fue jugador, entrenador, directivo y mecenas del equipo, además, seleccionado en el Mundial de 1930 y entrenador de la selección nacional en varias ocasiones. Cuatro veces campeón de liga, en dos de ellas como jugador-entrenador. Es, tal vez, el más grande personaje de esta historia llamada América.

---

14 DE DICIEMBRE DE 2014 — LA DOCEAVA

El América se convierte en el máximo ganador del fútbol mexicano al golear a los Tigres 3-0 en la final Apertura 2014. El mito de las Chivas campeonísimas queda derrumbado, las Águilas marchan en solitario en la cima de los títulos.

Los felinos, comandados por el Tuca Ferreti, tan solo son una comparsa para el mejor equipo de México. El conjunto de Tigres sale, desde el primer minuto, a defender su austera ventaja del partido de ida de 1-0 y en el pecado lleva la penitencia.

Un grave error de la defensa y del portero visitante dan la oportunidad a Arroyo para marcar el primero al minuto 35. Sigue el espectáculo americanista y Pablo Aguilar, de cabeza, marca el segundo al minuto 61, tomando mal parado al guardameta que se come el gol.

Los felinos, desesperados, en tres acciones distintas sufren de sendas expulsiones, obra de su incapacidad de reacción. Oribe Peralta marca el tercero del América, el del título. Las Águilas sufren una expulsión, pero ya es intrascendente para el marcador.

El América es campeón, la corona doce del fútbol profesional y la dieciséis de por vida. El único granito en el arroz es que el entrenador ya sabe que su futuro no es seguir en el equipo porque él y el presidente deportivo no se llevan.

El Turco Mohamed se despide con dignidad. En las tribunas se escucha el grito:

—¡Turco, Turco!

Y él, con la mano en el corazón mientras graba con su celular la escena de los aficionados colmando el Azteca y coreando su nombre, dice:

—Acá les dejamos la copa, ustedes se la merecen.

---

15 DE DICIEMBRE DE 1974 — LA COSA ES CALMADA

Partido Puebla en contra de América. Chocan el portero de la Franja, Sánchez Carbajal, y el jugador americanista José *Cocodrilo* Valdés. Se desploma el arquero y su defensa, Juan Carlos Sconfianza, se va sobre Valdés, quien cae.

Mario *Pichojos* Pérez se va entonces sobre Sconfianza y en ese momento se arma la batalla campal, inclusive las bancas invaden el terreno de juego. Sconfianza, de un derechazo, tumba al entrenador José Antonio Roca, que llegaba a poner calma.

Con el golpe Sconfianza se fractura la mano. Pata Bendita y Pichojos se van sobre Sconfianza por cobarde, por agredir a su entrenador, y sigue la batalla.

Finalmente, las cosas se tranquilizan. El árbitro del encuentro, González Archundia, utiliza una famosa frase de un cómico mexicano para detener el desaguisado: "Momento, la cosa es calmada".

Sin goles y con algunos moretones, todo termina con el abucheo del respetable, porque fútbol hubo muy poco y trancazos muchos.

---

16 DE DICIEMBRE DE 1973 — REY DE COPA

La temporada de Liga no es buena, pero en cambio en la Copa se domina de principio a fin. Hoy, en la final, se logra el sexto título en estas lides para marchar en solitario como rey de Copas.

El América manda absolutamente todo el partido sobre el Cruz Azul, que no encontró por dónde poder hacer daño alguno. Con goles de Hodge y de Osvaldo Castro, *Pata Bendita*, quien además fue el líder

de goleo, se corona en forma invicta campeón venciendo 2-1.

---

16 DE DICIEMBRE DE 2018 — TRECE TÍTULOS

El América vence por tercera vez en una final de Liga a Cruz Azul y logra su treceavo título de Liga en la era profesional.

La Máquina busca la venganza, el cobrarse viejas cuentas de un dominio casi absoluto por parte de las Águilas, que salvo por la final de 1971-1972, siempre se ha llevado el cetro a costa de los Celestes.

Llega el décimo tercer campeonato de Liga para el América, el cuadro más ganador de la historia del fútbol mexicano.

Y si bien en el primer tiempo ninguno se hace daño, en la segunda mitad, apenas con cinco minutos andados, el América consigue el primer gol obra de Oribe Peralta, quien aprovecha un grave error del guardameta.

El segundo tanto se da por la desesperación de los Celestes, que buscan empatar a como de lugar, pero otro balón perdido que aprovecha Edson Álvarez pone el 2-0 ya al minuto 89, lo que sella el marcador y por supuesto el título.

Cruz Azul, que fue líder en la Liga, no tuvo los arrestos para vencer al América, que demuestra una vez más su paternidad.

---

17 DE DICIEMBRE DE 1951 — MANTENIÉNDOSE EN PRIMERA

En forma por demás dramática, el día de hoy, se define que Veracruz es el equipo que cae a la Segunda División luego de su empate a cero goles, mientras que el América logra ganar apenas 1-0 al Zacatepec con gol de tiro penal cobrado por Guillermo *Platanito* Hernández.

El América se salva casi por nada, ya que con su triunfo llega a 15 puntos y el Veracruz a 12. Los astros favorecen a los Cremas

---

18 DE DICIEMBRE DE 1984 — FALSOS AMERICANISTAS

Los abogados del Club América levantan un acta para quienes resulten responsables de defraudo al club, al Estadio Azteca y a la Tesorería del Distrito Federal, ya que, al darse a conocer la cifra de aficionados con boleto pagado al clásico entre América y Guadalajara, jugado cuatro días atrás, este da apenas 43 000 personas con boleto pagado, cuando es obvio que dentro del estadio había por lo menos el doble de aficionados.

Las investigaciones arrojan miles de boletos falsificados, otros que aficionados compraron a revendedores y que eran de clásicos anteriores y se descubre que un grupo de sujetos, que se apostaban en las entradas, amenazaban a los recolectores de boletos para que dejen pasar a quienes ellos dicían.

Tras estos hechos, aumenta la vigilancia por parte de las autoridades, pero aun así no se puede evitar que esto vuelva a suceder.

19 DE DICIEMBRE DE 1965 — ¡AMÉRICA CAMPEÓN!

Tienen que pasar 37 largos años para que el América obtenga de nueva cuenta un título de liga. Es una fecha que los fieles seguidores del América jamás olvidan, en la cual el club Azulcrema vuelve a ceñirse la corona del campeonato.

La jornada es memorable. El partido que define el título se juega en la cancha de Ciudad Universitaria. Con el marcador de 2-0 sobre el Veracruz, América desempolva la vieja vitrina para adentrarle un nuevo trofeo.

El cuadro crema salta a la cancha con Ataulfo Sánchez en la puerta; Javier *Titino* Martínez, el capitán Juan Bosco, Alfonso *Pescado* Portugal y Fernando Cuenca en la defensa; Arlindo y Víctor Mendoza en la media; Alfredo del Águila, José Alves, el *Lobo Solitario o Zague*, Javier *Chalo* Fragoso y Jorge *Coco* Gómez en la delantera.

Durante el primer tiempo, el dominio es alterno. El viejo Didí, con su calidad a cuestas, traza preciosos pases a los delanteros jarochos.

Los ataques por ambos lados mantienen a los aficionados de pie, esperando el primer gol en cualquier momento. Al minuto 33, Fernando Cuenca penetra por el lado izquierdo y, triangulando con el *Coco* Gómez, logra mandar un pase a Zague, que llega por el lado derecho. El brasileño manda un centro a Fragoso, quien, cayéndose ante la marcación enemiga, saca un disparo con la pierna derecha que se incrusta lentamente en la portería de los tiburones.

En menos de un minuto, Veracruz busca el empate con un gran tiro de Didí, hermosamente atajado por Ataulfo que está impasable. En el segundo tiempo el América mantiene su dominio, Zague y Arlindo logran bellos remates; por el otro lado, Didí sigue insistiendo con su chanfle endemoniado.

Marca el reloj el minuto 80 cuando Jorge *Coco* Gómez cobra un tiro de esquina por el lado derecho. El tiro es cerrado y el balón toma un efecto en el aire, colocándose irremisiblemente en el ángulo interior de la portería ante la mirada atónita de Elizondo. Se ha conseguido un gol olímpico. Veracruz ya nada puede hacer. La historia escribe una página más en el libro del fútbol nacional.

América, después de tantos años de sinsabores, es nuevamente

campeón del fútbol mexicano.

---

19 DE DICIEMBRE DE 1926 — UN DIEZ DE ANTOLOGÍA

El América logra su máxima victoria en a la época amateur al vencer, en la Liga, en el torneo 1926-1927, por 10-0 al equipo Germania. Al final de la temporada fuimos campeones.

---

20 DE DICIEMBRE DE 1972 — EL ADIÓS DEL MONITO

Uno de los futbolistas más rentables que ha tenido el equipo es Roberto *Monito* Rodríguez, un incansable extremo que vuela por las bandas para servir con exactitud preciosos centros a los delanteros en turno. Rodríguez llegó al equipo en 1969 y prácticamente desde el principio se hizo de la titularidad y es uno de los hombres importantes en el título de liga conseguido en la temporada 1970-1971.

Sin embargo, cuando pasa por el mejor momento de su carrera, se enfrenta al destino. Hoy juegan América y Monterrey y tras una dura entrada de Vicente Alvarado se rompen los ligamentos de la rodilla de Rodríguez, quedando una temporada muy larga sin poder jugar y, aunque hace varios intentos por regresar a las canchas, ya no es igual.

Esta tarde el famoso Monito, sin saberlo, tiene que decir adiós a las canchas de fútbol.

---

21 DE DICIEMBRE DE 1977 — EL EMBLEMA

El escudo de más de media tonelada que se encuentra en la entrada de las instalaciones del Club América en calle Del Toro 100, en Tlalpan, fue realizado por Angelillo y Héctor Segura, exjugadores del América y que tienen una fábrica de hierro fundido. A partir de este día, el escudo da lustre a la entrada del club más grande de México.

---

22 DE DICIEMBRE DE 1985 — EL PRIMERO DE ZAGUE

Luis Roberto Alves, *Zaguinho*, consigue su primer gol con el América de los más de 200 que logra en su carrera. El partido es Puebla contra América.

Es al minuto 33 que llega la única anotación del encuentro. Orozco faulea a Ricardo Peláez en los linderos del área, cobra Luis Roberto, quien, con un tiro raso que logra pasar entre las piernas de la barrera, sorprende al arquero Rubí Valencia, que se estira cual largo es, pero no puede hacer nada por evitar el gol.

Se da la curiosidad de que este, su primer gol en el América, también es el único que Zague logrará de tiro libre en toda su carrera.

23 DE DICIEMBRE DE 1974 — CENICIENTA

Uno de los vicepresidentes del América, amante del equipo al que le tenía un amor sin condición, es Ted Circuit, en este momento alto funcionario de Coca-Cola y que invita esta noche al equipo a la convención de la refresquera para presentarlo no solo como el mejor equipo de México ante los demás funcionarios internacionales de la marca, sino como al que le debe sus éxitos.

La fiesta está muy animada, sin embargo, José Antonio Roca, entrenador del equipo, les advierte a sus pupilos que ningún jugador puede llegar —cual Cenicienta— más allá de las doce de la noche al hotel o se harán acreedores a una fuerte multa.

Él y su cuerpo técnico esperan a los jugadores en el hotel, de donde partirán muy temprano al día siguiente rumbo a la Ciudad de México para seguir con los entrenamientos. Casi todo el equipo llega a tiempo, menos cuatro elementos.

Pajarito Cortés, llega siete minutos tarde y Roca le sentencia:

—Son mil pesos de multa y por cada quince minutos aumenta otros mil.

Cornero llega pasadas las 12:20, lo mismo que *Cocodrilo* Valdés y les dice:

—Tú y tú dos mil de multa cada uno.

Wama Puente que rebasa la media hora, tres mil de multa. Y quien no llegaba era Barberena, quien lo hace con cara de susto sobre la una de la mañana:

—Me distraje con la música, pero no tomé ni una copa.

Nada puede salvarlo, cinco mil de multa, un dineral en aquel tiempo y, además, le dice muy serio:

—Y usted no inicia el próximo partido. Para mí es más importante la palabra que algo por escrito y ustedes faltaron a su palabra.

Ni hablar, lo aceptaron de buena gana porque respetaban mucho a don José. Afortunadamente prevalece la unión del equipo, varios jugadores ayudan a pagar parte de la multa de Barberena. Dicen las malas lenguas que hasta Roca puso una parte, ya que era demasiado dinero para un solo jugador.

24 DE DICIEMBRE DE 1939 — EL JEFE DEL DEPARTAMENTO CENTRAL EXPULSA A UN JUGADOR

El licenciado Raúl Castellanos, jefe del Departamento Central del D.F., es asiduo a los partidos de fútbol del América. Acompañado por su familia, tiene reservado un palco en sombra cada vez que juega su equipo.

Como cada semana, acude al Parque España este día, ya que juegan América y Asturias.

Los Cremas ostentan el título de Campeón de Copa 1938 y El Asturias es ya campeón de Liga. Ambos equipos salen con sus cuadros de lujo.

Cuando transcurre el minuto 29 del primer tiempo, Soto le da una artera patada a Vial, centro delantero crema; el árbitro no marca la falta. El licenciado Castellanos se levanta como impulsado por un resorte y llama 'ciego' al nazareno, mientras ve como Vial, casi inválido, es ayudado a llegar a una orilla del terreno de juego.

Termina el primer tiempo y los jugadores marchan al descanso para recibir indicaciones. Al reanudarse el partido, los aficionados ven con sorpresa que Soto no aparece por ningún lado. El Asturias juega el resto del encuentro con tan solo diez hombres y el América gana la contienda.

Lo que sucede es que Raúl Castellanos, Jefe del Departamento Central del D.F., baja a los vestidores en el medio tiempo y ordena que José Soto no salga a actuar en la segunda mitad. ¡Lo expulsa del partido por la patada artera que da a Vial y que el árbitro no ve!

El árbitro nada puede hacer por más que insiste. Castellanos es tajante:

"Sí sale Soto a jugar, se suspende el encuentro en este momento. El zaguero dio un hachazo carnicero a Vial y, por lo tanto, ordeno su expulsión inmediata del partido. Si el árbitro, al que le hacen falta unos lentes, no lo vio, yo sí y claramente, por lo que no hay nada que discutir".

Es así como un funcionario público expulsa a un jugador de fútbol.

25 DE DICIEMBRE DE 2019 — UNA NAVIDAD DIFERENTE

Cada año, en estas fechas, los equipos están de vacaciones para pasar los días de Navidad y fin de año acompañados por sus seres queridos en casa. Muchos de los jugadores extranjeros, inclusive, viajan a sus respectivos países para acompañar a sus padres y hermanos.

El América, en cambio, tiene que celebrar la Noche Buena durmiendo temprano y la Navidad entrenando, entre sesiones técnicas y esperando el vuelo que los lleve a Monterrey para disputar la gran final del fútbol mexicano.

Los encuentros, originalmente, debían disputarse un par de semanas atrás, dando fin a la Liga, pero debido a que el equipo regio que avanzó a la final tenía además que disputar el Mundial de Clubes, la FMF tuvo que aplazar los partidos.

Para que los jugadores americanistas se sientan cobijados, el club les prepara una sorpresa y lleva a sus familias en la mañana de Navidad para que puedan, aunque sea por un momento, celebrarla con sus seres queridos antes de jugar una final atípica en plena temporada navideña.

26 DE DICIEMBRE DE 1919 — OCTAVIO VIAL

Nace para el fútbol. Su energía incontenible, su inteligencia dentro de la cancha, el dribling que lo caracteriza y su forma de tocar el balón así lo demuestran. Ve la primera luz el día de hoy. Tan solo ocho años más tarde ya juega en el Colegio Williams y en el equipo Rayo de Segunda Fuerza Infantil, donde se le considera un fenómeno del fútbol para su edad.

Es aquí donde los compañeros le ponen el apodo que lo seguirá toda su vida la Pulga, ya que, aunque bajito, es ágil y dinámico, capaz de burlar a más de dos contendientes en un palmo de terreno.

En 1930, con diez años, ingresa a las fuerzas juveniles del España invitado por uno de sus directivos. No le gusta el ambiente y decide jugar con el Lusitania, excelente equipo amateur de la Colonia Roma.

La Cuarta Intermedia del América juega en contra del Lusitania. Enrique Arreola, entrenador de los juveniles, queda impresionado por el juego de Vial, quien cada vez que toma el balón es un peligro la meta contraria.

Sin pensarlo dos veces, al término del encuentro, le propone que se pruebe en el cuadro Crema. Vial acepta de inmediato, ya que este es el equipo de sus amores.

Octavio viste la casaca amarilla por vez primera en 1936, jugando en la Cuarta Intermedia. Dos partidos son suficientes para ser ascendido a la Tercera, dos más y sube a reserva en donde permanece algunos meses.

En mayo de 1937 debutaba en la Liga Mayor en contra del España. La prensa capitalina lo elogia de inmediato, se dice que representa un nuevo concepto del fútbol, elocuente y vivaz, de gran ingenio, ágil de mente y de cuerpo.

Temerario, audaz y con gran concepción futbolística, se apropia de

inmediato de la titularidad como centro delantero. Figura estelar indiscutible durante toda su carrera.

Vial se convierte en el hombre leyenda, peleado por varios equipos. Doce años defiende la casaca Crema, cuando una fractura en el peroné precipita el final de su carrera. En 1949 deja al América para regresar un año más tarde como entrenador, tratando de salvar al club de sus amores de los últimos lugares en los que ha caído y lo logra.

La energía de Vial hace lo imposible. Revitaliza al América y lo saca de la zona baja para situarlo muy arriba.

Octavio es entonces nombrado entrenador de la selección nacional y corona su carrera dirigiéndola en el Mundial de Brasil 1950.

27 DE DICIEMBRE DE 1982 — INAUGURANDO ESTADIO

El Club América es invitado para inaugurar el estadio Víctor Manuel Reyna, situado en Tuxtla Gutiérrez, Chiapas.

El nombre del estadio se pone en honor a Víctor Manuel Reyna (1910-1973), profesor de educación física en Tuxtla Gutiérrez, quien crea las primeras ligas de fútbol estatal y municipal en los años 50.

Se distinguía no solo por invertir gran parte de su sueldo en equipar a niños de la calle para la práctica de ese deporte sino también por transmitir a los jóvenes amplios valores sociales. Es considerado el padre del fútbol en Chiapas y era ferviente americanista, por lo que no resulta extraño que sea el equipo invitado para la inauguración.

Aquella tarde los de Coapa triunfan 5-3 sobre el equipo de ascenso Estudiantes de Chiapas. Anotaron Echaniz (2), Brailovsky (2) y uno de Miguel Ángel Segura.

28 DE DICIEMBRE DE 1998

En una de las transferencias más polémicas de la historia del fútbol mexicano, el internacional y mundialista Ramón Ramírez es adquirido por el América. El futbolista, quien jugaba con el archienemigo de los Cremas, el Guadalajara, no quiere estar con el América, al cual le guarda un odio deportivo, sin embargo, el América se aprovecha de una fuerte deuda del Rebaño Sagrado con Televisa, dueña de las Águilas, para cobrarse con el jugador.

Al día siguiente que Ramírez se pone la playera del América, se ve el disgusto por vestir esta. Aunque se entrega dentro del terreno de juego como el profesional que es, Ramírez tan solo dura un semestre en el equipo, ya que es evidente su molestia y su amor por las Chivas.

Y si bien Ramón no rinde en el América, queda el hecho de que le arrebatamos al Guadalajara a su gran ídolo y después lo vendimos y bien vendido al Tigres.

---

29 DE DICIEMBRE DE 1926 — PERCY C. CLIFFORD

El América tiene nuevo entrenador, se trata de Percy C. Clifford, un pionero del fútbol mexicano, exjugador de equipos como Pachuca, Reforma y British Club.

Clifford logra dos temporadas de ensueño con el América obteniendo ambos títulos de liga. Bajo su tutela, el cuadro Azulcrema realiza una primera campaña sensacional en la que prácticamente aplasta a todos sus rivales y se corona campeón de la temporada 1926-1927. Además, se adjudica la Copa Challenger.

La temporada siguiente 1927-1928 se repite el éxito y el América logra un nuevo campeonato, el segundo con el inglés y el cuarto consecutivo de su historia.

---

30 DE DICIEMBRE DE 2011 — NACE AMERICANISTAS

Se anuncia que Socio Águila desaparece y que, a partir del 2012, es Americanistas la manera de pertenecer al Club América y tener promociones y descuentos en boletos, mercancía oficial, entrada a entrenamientos, un sitio en internet exclusivo para socios, la revista digital mensual completamente gratuita y otros beneficios, por una inscripción de $100,00 anuales.

---

31 DE DICIEMBRE DE 1922 — CREACIÓN DEL SIQUITIBUM

Uno de los grandes seguidores del América es el embajador de México en Guatemala, Juan de Dios Bojórquez, quien le extiende una invitación al conjunto azulcrema para que, en las fiestas de fin de año de 1922, visite al país vecino del sur con la idea de que juegue tres partidos.

El Club América acepta con gusto, ya que tendrá el honor de ser el primer conjunto mexicano en jugar un partido internacional fuera de nuestro país. El plantel parte el 30 de diciembre de 1922 en ferrocarril y, durante el trayecto, surge la que sería considerada, años después, como la porra más significativa del deporte mexicano.

Todo ocurre el 31 de diciembre en el tramo comprendido entre Matías Romero y Jesús Carranza. Carlos Garcés pone atención al sonido del ferrocarril: siqui-siqui-siqui, y se inspira para crear una porra para que, en caso de darse los triunfos, puedan acompañar a la escuadra

americanista en Guatemala.

Su porra de batalla consiste en un ¡Siquitibum a la bim bom ba! que gusta a sus compañeros. Así nace la porra que, hasta la fecha, celebra los triunfos más sonados no solo del América, sino del deporte mexicano.

La porra será estrenada los días siguientes con los sonados triunfos del América.

SOBRE EL AUTOR

Carlos Calderon Cardoso nace en la ciudad de México el 22 de enero de 1967. Estudia la carrera de Licenciatura en Historia en la Facultad de Filosofía y Letras en la UNAM. Realiza trabajos de investigación documental e iconográfica para diversas dependencias.

Autor de más de 20 libros sobre historia del deporte, entre los que destacan: *Por amor a la camiseta*; *El Estadio Azteca, historia del coloso de Santa Úrsula*; *La Selección Nacional (1923-1970)*; *Crónica del fútbol mexicano: Pachuca*; *Anecdotario del fútbol mexicano*; *Anecdotario del fútbol mexicano II*; *Nacho Trelles, 100 años de fútbol*; *Club América: 100 años de grandeza*.

Ha sido Coordinador de proyectos deportivos en editorial Clío, cocreador de las series de televisión *¡Hazaña Fútbol!* y *¡Hazaña! ¡El Deporte Vive!*; de las cuales, además, fue guionista e investigador histórico. Profesor en el diplomado Periodismo de fútbol en prensa escrita, radio y televisión, en la Universidad de Periodismo y Arte en Radio y Televisión. Investigador histórico del Museo Interactivo Mundo Fútbol y del Salón de la Fama en donde es, además, analista de mérito.

Colaborador en diversas publicaciones como *Contraataque, Periódico Reforma, Soccermanía, Fibra América*; además de columnista en *Mediotiempo.com* y *Juanfutbol.com*. Analista y especialista invitado en diversos programas culturales y deportivos de *TV UNAM, Canal 11, Televisa, Fox* y *ESPN*.

www.ingramcontent.com/pod-product-compliance
Lightning Source LLC
Chambersburg PA
CBHW051826150726
47998CB00001B/309